# ESG-Reporting in der Unternehmenskommunikation

AF147540

Michael Neumann • Jörg Forthmann

# ESG-Reporting in der Unternehmens- kommunikation

Was die EU-Regulierung für die Unternehmensberichterstattung bedeutet

 Springer Gabler

Michael Neumann
Butzbach, Deutschland

Jörg Forthmann
Hamburg, Deutschland

ISBN 978-3-658-44203-3     ISBN 978-3-658-44204-0 (eBook)
https://doi.org/10.1007/978-3-658-44204-0

Die Deutsche Nationalbibliothek verzeichnet diese Publikation in der Deutschen Nationalbibliografie;
detaillierte bibliografische Daten sind im Internet über https://portal.dnb.de abrufbar.

Planung/Lektorat: Imke Sander
Springer Gabler ist ein Imprint der eingetragenen Gesellschaft Springer Fachmedien Wiesbaden GmbH
und ist ein Teil von Springer Nature.
Die Anschrift der Gesellschaft ist: Abraham-Lincoln-Str. 46, 65189 Wiesbaden, Germany

Wenn Sie dieses Produkt entsorgen, geben Sie das Papier bitte zum Recycling.

*Widmung*
*Für Sandra, Natalja, Valerie, Luca, Tabea, Renate,*
*Wolfgang, Heidi, Cuinn und viele echte Freunde.*

# Vorwort

Es bräuchte wohl eine Superheldin oder einen Superhelden, um die 17 Nachhaltigkeitsziele der Vereinten Nationen (UN) noch wie geplant bis 2030 zu erreichen. Die Halbzeitbilanz vom Juni 2023 fällt ernüchternd aus. Bei allen „Sustainable Development Goals" (SDG) ist das Tempo zu langsam, so der Statusbericht der UN. Bei rund einem Drittel gab es im Vergleich zum Startjahr 2015 keinen Fortschritt oder sogar Rückschritte.

Die Europäische Union scheint die nötigen Superheldinnen und -helden nun per Gesetz und Haftungsdrohung erschaffen zu wollen. Mit der Corporate Sustainability Due Diligence Directive (CSDDD oder CS3D) will sie Topmanager und Aufsichtsräte verpflichten, bei all ihren Entscheidungen Nachhaltigkeitsaspekte zu berücksichtigen. Nach Auffassung von Experten für Gesellschaftsrecht wird der Dreiklang ESG – Environmental, Social und Governance (Umwelt, Soziales, Unternehmensführung) – damit auf eine Stufe gestellt mit der bislang zentralen Managerpflicht, die Rentabilität und den Fortbestand des Betriebs zu sichern. Der Kieler Jura-Professor Timo Fest bezeichnet den Vorstoß der EU als „etwas wahrlich Revolutionäres" (Fest, 2023, S. 715).

In ihrem Wortlaut verlangen die Richtlinien-Entwürfe in Artikel 25, dass „die Mitglieder der Unternehmensleitung [...] bei Ausübung ihrer Pflicht, im besten Interesse des Unternehmens zu handeln, die kurz-, mittel- und langfristigen Folgen ihrer Entscheidungen für Nachhaltigkeitsaspekte berücksichtigen, gegebenenfalls auch die Folgen für Menschenrechte, Klimawandel und Umwelt". Wie die Vorschrift in nationales Recht umzusetzen ist und was sie für die Praxis bedeutet, dazu gehen die Meinungen und Prognosen auseinander (Balke, 2023, S. 740 ff.).

Gewiss ist aber, dass sich mit dem Handeln und der Haftung auch die Kommunikation von Entscheidungsträgern verändern wird, und zwar sowohl die Kommunikation des Unternehmens als juristische Person (Institution) als auch die Kommunikation der natürlichen Personen. Nachhaltigkeit wird – noch mehr als bisher – ein dominierender Bestandteil der Profile und des Marktwerts von Institution und Person.

Der Trend zur „Indienstnahme des Gesellschaftsrechts für politische Zwecke" steuert damit auf einen vorläufigen Höhepunkt zu. Ein Ende der Entwicklung ist nicht in Sicht. Experten erwarten, dass die EU die Unternehmen eher noch stärker in Anspruch nehmen wird. Die Union ist zu weit von ihren Klimazielen und anderen SDG-Vorgaben entfernt, um sie einhalten zu können. Die Gewichte zwischen ESG und wirtschaftlich-finanziellem Erfolg werden sich weiter verschieben. Manager und Unternehmenskontrolleure werden ihr Reden und Handeln immer wieder neu gewichten und austarieren müssen.

Dieses Buch beschreibt, wie Unternehmen ab dem Jahr 2024 über ihre Leistungen und Ziele im Bereich ESG berichten müssen und welche Folgen das für die weitere Unternehmenskommunikation hat. Wir wünschen Ihnen, geschätzte Leserin, geschätzter Leser, viel Erfolg bei der Transformation Ihres Unternehmens.

Ihre
Butzbach, Deutschland                                      Michael Neumann
Hamburg, Deutschland                                       Jörg Forthmann

# Literatur

Balke, M. (2023). Zwischenbefund aus der Praxis zu den organisatorischen Herausforderungen der ESG-Richtlinien für Unternehmen, in: Die Aktiengesellschaft, S. 723–741.

Fest, T. (2023). Nachhaltige Unternehmensführung – Die Perspektive des Vorstands unter besonderer Berücksichtigung von Art. 25 CSDDD-E, in: *Die Aktiengesellschaft*, S. 713–721.

# Inhaltsverzeichnis

# Abkürzungen für Quellen[1]

| | |
|---|---|
| AG | Die Aktiengesellschaft |
| BB | Betriebs-Berater |
| DB | Der Betrieb |
| DK | Der Konzern |
| „FAS" | Frankfurter Allgemeine Sonntagszeitung |
| „FAZ" | Frankfurter Allgemeine Zeitung |
| „NYT" | New York Times |
| „SZ" | Süddeutsche Zeitung |
| „SZ-Magazin" | Magazin der Süddeutschen Zeitung |
| „taz" | Tageszeitung |

## Note

1. Die anderen Abkürzungen richten sich nach den gängigen Abkürzungs-verzeichnissen für wissenschaftliche Arbeiten.

# 1

# ESG-Kommunikation und Geschäftsmodell

**These**

*Kommunikatoren müssen bildhafte Narrative dazu entwickeln, wie sich das Geschäftsmodell mit ESG vereinbaren lässt. Dabei sollten sie mit Kapitalmarktkommunikation, Rechnungs- und Personalwesen zusammenarbeiten.*

Seit dem Geschäftsjahr 2018 sind die rund 550 größten kapitalmarktorientierten Unternehmen in Deutschland verpflichtet, eine sogenannte „nichtfinanzielle Erklärung" zu ESG in ihrem Jahresabschluss zu veröffentlichen. Rechtsgrundlage ist die Non-Financial Reporting Directive der EU aus dem Jahr 2014 (NFRD, 2014/95/EU). Die Umsetzung in deutsches Recht befindet sich im Handelsgesetzbuch. Unter anderem ist nach § 289c Abs. 1 HGB „das Geschäftsmodell der Kapitalgesellschaft [im Lagebericht] kurz zu beschreiben".[1]

Diese Aufgabe erfüllten die verpflichteten Unternehmen bislang in recht unterschiedlicher Art und Qualität. Laut einer Studie hatten Berichte nach § 289c HGB im Durchschnitt einen Umfang von fast 60 Seiten. Die kürzeste Darstellung beschränkte sich auf drei Seiten, die längste maß 254 (vgl. von der Heide et al., 2023).

© Der/die Autor(en), exklusiv lizenziert an Springer Fachmedien Wiesbaden GmbH, ein Teil von Springer Nature 2024
M. Neumann, J. Forthmann, *ESG-Reporting in der Unternehmenskommunikation*, https://doi.org/10.1007/978-3-658-44204-0_1

Mit Beginn des Geschäftsjahrs 2024 werden die Anforderungen deutlich höhergeschraubt und gleichzeitig vereinheitlicht. Die „Corporate Social Responsibility"-Richtlinie der EU (CSRD[2]) erweitert den Kreis der verpflichteten Unternehmen und verlangt detaillierte Erklärungen zur Vereinbarkeit des Geschäftsmodells mit ESG-Standards. Die noch als Verneinung formulierte „*nicht*finanzielle Erklärung" der NFRD heißt künftig positiv formuliert „Nachhaltigkeitsbericht" („sustainability reporting"[3]). Experten sprechen von einer neuen „Zeitrechnung der Unternehmensberichterstattung" (Lanfermann & Baumüller, 2022; von der Heide et al., 2023).

Von der Reform erfasst sind alle großen Unternehmen, egal ob kapitalmarktorientiert oder nicht, außerdem kleine und mittlere kapitalmarktorientierte Unternehmen (KMU) sowie kleine, nicht komplexe Kreditinstitute und firmeneigene Versicherungsunternehmen. „Groß" ist ein Unternehmen, wenn es zwei der folgenden drei Kriterien erfüllt: (1) Bilanzsumme > 20 Mio. €, (2) Umsatzerlöse > 40 Mio. €, (3) Zahl der Mitarbeiter > 250.[4] Befreit sind nur Kleinstunternehmen, die mindestens zwei der folgenden drei Kriterien erfüllen: (1) Bilanzsumme ≤ 350.000 €, (2) Nettoumsatzerlöse ≤ 700.000 €, Zahl der Beschäftigten im Durchschnitt des Geschäftsjahrs ≤ 10 (Balke, 2023).

Praktisch betroffen sind künftig:

- rund 15.000 Unternehmen in Deutschland und
- 49.000 bis 50.000 in der EU (Lanfermann & Baumüller, 2022, S. 2754).

Die Firmen müssen laut Art. 19a Ziff. 2 (a) Bilanz-RL in der Neufassung durch die CSRD (i. d. F. CSRD) in ihrem Jahresabschluss eine kurze Beschreibung („brief description") liefern

[…] of the undertaking's business model and strategy, including:

(i) the resilience of the undertaking's business model and strategy to risks related to sustainability matters (= ESG, Anm. d. Verf.[5]);

(ii) the opportunities for the undertaking related to sustainability matters;

(iii)  the plans of the undertaking, including implementing actions and re-
       lated financial and investment plans, to ensure that its business model
       and strategy are compatible with the transition to a sustainable eco-
       nomy and with the limiting of global warming to 1.5 °C in line with
       the Paris Agreement and the objective of achieving climate neutrality
       by 2050 as established in Regulation (EU) 2021/1119 (European
       Climate Law), and where relevant, the exposure of the undertaking to
       coal, oil and gas-related activities;
(iv)   how the undertaking's business model and strategy take account of
       the interests of the undertaking's stakeholders and of the impacts of
       the undertaking on sustainability matters;
(v)    how the undertaking's strategy has been implemented with regard to
       sustainability matters; […].

Diese Aufgabe sollten Experten aus allgemeiner Kommunikation (PR), Kapitalmarkt-kommunikation (IR) und Rechnungswesen mit vereinten Kräften angehen, um die Überzeugungskraft, die Reichweite und die Krisenfestigkeit des Narrativs zu stärken. Der Aufwand wird sich aus-zahlen. Die ESG-Konformität des Geschäftsmodells ist ein bedeutender Faktor bei der Bewertung des Unternehmens (KPMG, 2022, S. 6 ff.).

Überdies sollte das Geschäftsmodell durch das Geschäftsjahr hindurch mit fortlaufender IR/PR aktuell und relevant gehalten werden. Bis zum Jahresabschluss kann zu viel Zeit vergehen, um alle Früchte von ESG-Fortschritten zu ernten. Die Dynamik des Themas verträgt sich nicht gut mit Stillstand und Abwarten, auch nicht, wenn es um Fundamente eines Unternehmens geht wie das Geschäftsmodell.

Adressaten der Nachhaltigkeitserklärung sind zwar wie bisher in erster Linie Investoren (Shareholder). Die Erklärung muss jedoch ausdrücklich die Auswirkungen des Geschäfts auf *alle* Bezugsgruppen (Anspruchs-oder Interessengruppen, „stakeholder") beschreiben.[6] Wirtschaftsmedien, Umwelt- und Verbraucherschützer und andere „watchdogs" sowie akti-vistische Investoren (Illert & Schneider, 2022, S. 33 ff.) werden die Dar-stellungen sezieren und auf ihren Wahrheitsgehalt hin überprüfen. In Pu-blikationen und Gerichtsprozessen werden sich die Kontroversen und Konflikte weiter zuspitzen (Ruttloff et al., 2023, S. 1155).

Ein Beispiel für die Arbeitsweise gemeinnütziger „Wachhunde" liefert die NGO Business and Human Rights Resource Centre (BHRRC). Die Organisation erhob im August 2023 Vorwürfe gegen den schwedischen Kleidungskonzern H&M. Bei Zulieferern in Myanmar sei es zu Missbrauch gekommen. Quellen wie Gewerkschaftsführer sowie lokale und internationale Medien hätten unter anderem von willkürlichen Lohnkürzungen und Lohndiebstahl berichtet. Betroffen seien 124 verschiedene Fabriken. Die Enthüllungen nähren die verbreitete Kritik, dass das Geschäftsmodell Billigmode auf Ausbeutung beruht, und zwar von überwiegend Fabrikarbeiter*innen* in Entwicklungsländern. H&M versprach, den Vorwürfen nachzugehen (Reuters, 2023).·

Der Energie-Riese Shell steht an mehreren Fronten unter Druck. Aktionäre und Öffentlichkeit kritisieren unisono die aus ihrer Sicht zu schwachen $CO_2$-Minderungspläne. Auf der Hauptversammlung im Mai 2023 kam es zu Tumulten. Aktivisten forderten: „Stop drilling, start paying!" Zwei Drittel der Bürger Großbritanniens sind der Meinung, dass Europas größter Öl- und Gasförderer für Klimaschäden haften sollte (Carbonbrief, 2023). In diesem Fall steht das gesamte Geschäftsmodell im Fadenkreuz, zudem droht quasi eine Rückabwicklung qua Entzug vergangener Gewinne mithilfe des Schadensersatzrechts.

Neben den Informationen zum Geschäftsmodell fragt die CSRD Informationen aus dem Personalwesen ab, und zwar über ESG-Anreizsysteme und Vergütung. Diese Verknüpfung ist nicht komplett neu. Das Aktienrecht und der Deutsche Corporate Governance Kodex verlangen bereits Informationen zum Vergütungssystem für Vorstände und eine Erklärung, inwieweit die Anreize der langfristigen Entwicklung des Unternehmens dienen (§ 87 Abs. 1 Satz 2 AktG). In den Vergütungsberichten finden sich auch ESG-Ziele und ESG-Kennzahlen. Die Ausgestaltungen in der Praxis sind recht unterschiedlich (Zülch et al., 2023, S. 1873 ff.).

Um stichhaltige Nachhaltigkeitserklärungen zu erstellen und eine Basis für überzeugende ESG-Kommunikation zu schaffen, ist jedenfalls Expertise aus verschiedenen Bereichen und Abteilungen erforderlich. Der Umgang damit muss koordiniert werden.

Laut Art. 19a Ziff. 2 (b) bis (g) Bilanz-RL i. d. F. CSRD muss jedes betroffene Unternehmen

- einen Zeit- und Stufenplan zur Klimaneutralität 2050 vorlegen (Buchstabe b),
- Aufgaben und Qualifikationen von Management-, Verwaltungs- und Aufsichtsgremien im Bereich Nachhaltigkeit beschreiben (Buchst. c),
- Nachhaltigkeitspolitiken („sustainability policies") des Unternehmens darstellen (Buchst. d),
- Anreizsysteme zu Nachhaltigkeit für Management, Verwaltungs- und Aufsichtsgremien offenlegen (Buchst. „d") (Schmedders, 2023, S. 16; Köckeritz, 2023, S. 16),
- die Auswirkungen der eigenen Tätigkeit auf die Umwelt analysieren, und zwar entlang der gesamten Lieferkette und einschließlich Schadensvermeidung (Buchst. e),
- Risiken und Abhängigkeiten des Unternehmens von Nachhaltigkeitsthemen beschreiben (Buchst. f),
- Kennzahlen zu den Verpflichtungen nach den Buchstaben (a) bis (f), sprich: zu den oben aufgezählten Punkten, veröffentlichen.

Nach Ansicht von Experten für Rechnungslegung wird die Richtlinie zusammen mit ergänzenden Bestimmungen ein „neues Verständnis von den Erfolgsmaßstäben eines Unternehmens" begründen (Lanfermann & Baumüller, 2022, S. 2754). Es ist Aufgabe von Kommunikatoren, allen Bezugsgruppen zu erklären, wie das eigene Unternehmen nach diesen Maßstäben erfolgreich ist – und bleiben will. Dazu braucht es nicht nur Zahlen und Fakten, sondern auch Geschichten und Bilder, damit Erfolge, Bemühungen und Pläne nachvollziehbar werden und sich einprägen (Neumann et al., 2023, S. 79 ff.). Auch mit Widersprüchen muss man umgehen können, etwa wenn ein Erfolg in Nachhaltigkeit in der Bilanz als finanzieller Nachteil erscheint – oder umgekehrt (Freiberg, 2023).

So sieht es auch der Unternehmer Christoph Henkel, größter Einzelaktionär der Henkel AG und Vorsitzender der Konrad-Henkel-Stiftung. Um komplizierte Zusammenhänge der Nachhaltigkeit zu verstehen, etwa beim Thema Biodiversität, „brauchen wir Geschichtenerzähler, die uns die Situation erklären", sagt er. Das „naming und shaming" von Unter-

nehmen sei nur der erste Schritt (Flick, 2023, S. 60 f.). Dem „naming"
zu entkommen, wird wegen der detaillierten Rechnungslegungsvor-
schriften kaum mehr möglich sein. Umso mehr sollten sich Kommunikatoren auf eine ihrer Kernaufgaben konzentrieren, nämlich einem möglichen „shaming" vorzubeugen und, falls es doch passiert, die für das
Unternehmen schädlichen Folgen zu mindern.

Bei Analyse und Planung, wie mit den Offenlegungspflichten und der
daran anknüpfenden Kommunikation bestmöglich umzugehen ist, stellt
sich in manchen Fällen heraus, dass ein Unternehmen oder ein Konzern
mehrere Geschäftsmodelle verfolgt, die kaum miteinander zu vereinbaren sind und deshalb kein schlüssiges Narrativ ergeben. Ein Beispiel
sind Energiekonzerne, die Öl und Gas fördern und gleichzeitig erneuerbare Energien ausbauen. Renditen und Wettbewerbssituation unterscheiden sich gravierend. Der eine Bereich ist ein profitables Auslauf-
geschäft, der andere ein Zukunftsgeschäft mit hohem Investitionsbedarf
und Wachstumsperspektive. Eine gesellschaftsrechtliche Trennung der
Unternehmensteile, etwa durch Abspaltung oder Verkauf, ist oft auch aus
dem Blickwinkel der Kommunikation der sinnvollste Schritt (Ihlau &
Zwenger, 2023, S. 2216). Der britische Konzern Shell erwägt dies Mitte
2023 (Neumann et al., 2021, S. 143 ff.; Plickert, 2023, S. 19).

Manchmal gelingt es mit Fantasie und Mut zur „schöpferischen Zerstörung", ein scheinbar in Stein gemeißeltes Geschäftsmodell ESG-
konform umzuformen. Ein Beispiel kommt aus der Versicherungs-
branche. Einige Assekuranzen bieten „grüne" Haftpflichtversicherungen
an. Diese Policen versprechen nicht nur Ersatz „in gleicher Art und Güte"
für beschädigtes fremdes Eigentum, wie es das Gesetz verlangt, sondern
einen „nachhaltigen Schadensersatz". Die ESG-konforme Wiedergutmachung darf bis 20 % mehr kosten, als der eigentliche Schaden beträgt.

Statt eines ruinierten Billighemds gibt es ein hochwertigeres aus Bio-
Baumwolle, genäht von fair bezahlten Arbeitskräften. Statt Ersatz für
einen wirtschaftlichen Totalschaden erstattet die Versicherung eine Reparatur (Lehmann, 2023, S. 24 f.). Insbesondere viele mittelständische
Unternehmen haben dagegen noch erhebliche Probleme, ihr Geschäftsmodell in ähnlicher Weise auf Nachhaltigkeit und $CO_2$-Neutralität um-
zustellen (Gauto & Müller, 2023, S. 18 f.; Cwiertnia & Heuser,
2023, S. 36).

Seit 5. Januar 2023 ist die CSRD in Kraft. Fristablauf für die Umsetzung in deutsches Recht ist der 6. Juli 2024 (Lieder & Döhrn, 2023, S. 726). Laut Patrick Velte, Professor für Betriebswirtschaftslehre, insbesondere Accounting, Auditing & Corporate Governance, an der Leuphana Universität Lüneburg, ist davon auszugehen, dass Deutschland die Vorschriften der CSRD „eins zu eins" umsetzen wird (FAZ, 2023, S. 16). Die neuen Regeln gelten für die rund 550 größten kapitalmarktorientierten Unternehmen bereits für das gesamte Geschäftsjahr 2024. Weitere große, mittlere und kleine Unternehmen sowie Tochtergesellschaften außereuropäischer Unternehmen folgen 2025, 2026 oder 2028 (Lanfermann & Baumüller, 2022, S. 2754; Bingel et al., 2023, S. 119). Die Zeit für eine Beschäftigung mit der CSRD wird knapp. Mitte 2023 arbeitete kaum ein Fünftel der deutschen Unternehmen nach rudimentär bis differenziert ausgearbeiteten Umweltzielen, so eine Studie der Stiftung Familienunternehmen (Brandis, 2023, S. 20).

# Notes

1. §§ 289b bis 289e HGB. Gesetzestext s. Anhang 1. Weiterführend Baumbach & Hopt, HGB, §§ 289b ff.
2. Corporate Social Responsibility Directive (CSRD) vom 12. April 2021 in der geänderten Fassung vom 30. Juni 2022, verabschiedet als Richtlinie (EU) 2022/2464 des Europäischen Parlaments und des Europäischen Rates vom 14. Dezember 2022 zur Änderung der Verordnung (EU) Nr. 537/2014 und der Richtlinien 2004/109/EG, 2006/34/EG und 2013/34/EU hinsichtlich der Nachhaltigkeitsbericht-erstattung von Unternehmen (CSRD), ABlEU vom 16.12.2022, L 322, 15.
3. Vgl. Überschrift und Verordnungstext Art. 19a Bilanz-RL i. d. F. CSRD, s. Anhang 2.
4. RL 2013/34/EU. Vgl. von Keitz & Grote, DB 2022, S. 2938; von der Heide et al., DK 2023, S. 245 f.
5. Unter „sustainability matters" versteht die CSRD „environmental, social and human rights, and governance factors", also ESG, vgl. Art. 1 (2) b) (17) CSRD.
6. Vgl. oben Art. 19a Ziff. 2 (a) (iv).

# Literatur

*von der Heide, Marten; Wagner, Jana; Volkmann, Daniel; Weber, Annika:* Status quo der Nachhaltigkeitsberichterstattung von großen nicht-kapitalmarktorientierten Unternehmen in Deutschland – Eine empirische Analyse von Tochter- und Einzelunternehmen, in: Der Konzern 2023, S. 244–251.

*Lanfermann, Georg; Baumüller, Josef:* Die Endfassung der Corporate Sustainability Reporting Directive (CSRD). Darstellung und Würdigung der neuen Anforderungen an die Nachhaltigkeitsberichterstattung europäischer Unternehmen, in: Der Betrieb 2022, S. 2745–2755.

*Balke, Michaela:* Zwischenbefund aus der Praxis zu den organisatorischen Herausforderungen der ESG-Richtlinien für Unternehmen, in: Die Aktiengesellschaft 2023, S. 732–741.

*KPMG (2022/2):* Valuation News. Deal Advisory. September 2022, www.kpmg. de/newsletter/, S. 6–9.

*Illert, Staffan; Schneider, Claudia:* Environment – Social – Governance 2022: ESG und Shareholder Activism, in: Der Betrieb 2022, S. 33–35.

*Ruttloff, Marc; Bingel, Adrian; Bühler, Timo:* Rechtliche Fallstricke für Unternehmen im Zusammenhang mit Greenwashing – Teil I, in: Betriebs-Berater 2023, S. 1155–1160.

*„Carbonbrief":* Shell admits 1.5c climate goal means immediate end to fossil fuel growth, www.carbonbrief.org/analysis-shell-admits-1-5c-climate-goal-means-immediate-end-to-fossil-fuel-growth, abgerufen am 24. April 2023.

*Zülch, Henning; Winkler, Anne; Thun, Toni W.:* Nachhaltigkeitsintegration in den Vergütungssystemen der Unternehmen des DAX 40, in: Der Betrieb 2023, S. 1873–1878.

*Neumann, Michael; Forthmann, Jörg; Heintze, Roland (2023).* Im Schraubstock von Profit und Nachhaltigkeit. Warum Nachhaltigkeitsreputation für Unternehmen überlebenswichtig wird. Hamburg: IMWF.

*Freiberg, Jens:* Zunehmende Zielkonflikte zwischen Nachhaltigkeit und Bilanzierung: Problem oder Lösung?, in: Betriebs-Berater 2023, S. I.

*Ihlau, Susann; Zwenger, Katharina:* Erfüllung der Sorgfaltspflichten aus der Business Judgement Rule bei M&A-Transaktionen im Hinblick auf ESG-Pflichten, in: Betriebs-Berater 2023, S. 2215–2219.

*Lieder, Jan; Döhrn, Lennard:* Auswirkungen der ESG-Richtlinien auf die Tätigkeit des Aufsichtsrats, in: Die Aktiengesellschaft 2023, S. 1727–1731.

*Neumann, Michael; Forthmann, Jörg; Heintze, Roland (2021).* Weckruf für Kommunikatoren und ihre Chefs. Wie Topmanager den gefährlichen Zwiespalt zwischen gesellschaftlicher Verantwortung und Kommerz überwinden. Hamburg: IMWF.

Schmedders, K. (10. Juli 2023). Die Ära des Greenwashings endet. Ratingurteile über die Nachhaltigkeit von Unternehmen sind oft noch widersprüchlich. Doch dem ESG-Chaos lässt sich abhelfen. Frankfurter Allgemeine Zeitung, S. 16.

Köckeritz, H. (13. Sept. 2023). Woran sich Manager messen lassen müssen. Nachhaltigkeitsziele werden ein fester Bestandteil in der Vergütung von Vorständen. Frankfurter Allgemeine Zeitung, S. 16.

Flick, C. M. (8. April 2023). „Die Hälfte aller Arten ist im Begriff zu verschwinden". Die Gründerin der Convoco-Stiftung spricht regelmäßig mit Vertretern aus Politik, Wirtschaft, Wissenschaft und Kultur. Diese Woche mit dem Unternehmer Christoph Henkel über Biodiversität und moderne Landwirtschaft. Focus. Nr. 15, S. 60–61.

Plickert, P. (17. Juli 2023). Unklarheit über Shells Kurs mit erneuerbaren Energien. Verkauf von Beteiligungen?/„Welt braucht Öl". Frankfurter Allgemeine Zeitung, S. 19.

Reuters (17. Aug. 2023). H&M nimmt Zulieferer ins Visier. Mögliche Arbeitsrechtsverstöße in Myanmar. Frankfurter Allgemeine Zeitung, S. 18.

Lehmann, A. (29. Juli 2023). 1,9 Billionen Euro für eine grünere Welt. Haftpflicht-, KfZ-, Unfallversicherung – jeder könnt sich nachhaltig versichern. Die Branche reformiert sich langsam. Geld ist da, und es könnte den Unterschied machen. Tagesspiegel, S. 24–25.

Gauto, A.; Müller, A. (7. Okt. 2023). $CO_2$-Reduktion. Mittelständler verlieren den Anschluss. Tagesspiegel, S. 18–19.

Cwiertnia, L.; Heuser, U. J. (5. Okt. 2023). Warum nicht jetzt, Herr Brudermüller? Die Politik beim Klimaschutz ist realitätsfern und ideenlos zugleich, klagt der BASF-Chef – und macht konkrete Vorschläge, wie es besser ginge. Die Zeit, S. 36.

Brandis, C. (10. Juli 2023). Keine eigenen Klimaziele. Vor allem kleineren Unternehmen fällt es schwer, sich nachhaltig aufzustellen. Sie sind mit der Thematik einfach überfordert. Frankfurter Allgemeine Zeitung, S. 20.

# 2

# ESG-Kommunikation und Unternehmensfinanzierung

**These**

*Kommunikatoren müssen eine starke ESG-Reputation aufbauen und das Geschäftsmodell gegen Zweifel immunisieren. So lassen sich – auch – finanzielle Risiken und Kapitalkosten begrenzen.*

ESG-Vorreiter können sich einfacher und günstiger finanzieren als ESG-Schlusslichter. Das gilt sowohl für Eigen- als auch für Fremdkapital (Forthmann & Gross, 2023). Viele institutionelle und private Investoren beteiligen sich nur noch an Unternehmen, die ein ESG-kompatibles Geschäftsmodell besitzen und ESG-Ziele verfolgen (Stippler, 2023; Hünninghaus, 2023, S. 66 ff.; Jauernig, Koerth & Rainer, 2023, S. 82–83). Selbst Weltkonzerne wie VW können nach diesen Kriterien als nicht investierbar eingestuft werden.

Die Gründe im Fall VW: Einige Manager „grüner" Fonds bezweifeln, dass die Wolfsburger mit E-Autos ähnlichen Erfolg haben werden wie in der Vergangenheit mit Verbrennern (Backovic & Narat, 2023; Müßgens, 2023, S. 21). Zudem setzte der einflussreiche Indexanbieter MSCI im November 2022 aus sozialen Gründen eine „rote Flagge" bei VW. Das bedeutet: „Finger weg" (Backovic & Fröndhoff, 2023a) von dieser Aktie!

© Der/die Autor(en), exklusiv lizenziert an Springer Fachmedien Wiesbaden GmbH, ein Teil von Springer Nature 2024
M. Neumann, J. Forthmann, *ESG-Reporting in der Unternehmenskommunikation*, https://doi.org/10.1007/978-3-658-44204-0_2

Hintergrund ist: Der Autohersteller betreibt in einem Gemeinschafts-
unternehmen mit dem chinesischen Autohersteller SAIC eine Fabrik in
der chinesischen Provinz Xinjiang. Seit Jahren kursieren Vorwürfe, dass
die chinesische Regierung dort die muslimische Minderheit der Uiguren
unterdrückt und Zwangsarbeiter ausbeuten lässt. Die „Red Flag" ist die
schärfste Form der Abwertung eines Wertpapiers bei MSCI.

Da sich die tatsächlichen Umstände in Xinjiang im Vergleich zu Vor-
jahren wenig geändert haben dürften, werden die Verschärfungen bei der
Regulierung ein wesentlicher Grund für die Neubewertung gewesen sein.
Die Folge: Laut einer Analyse des Finanzdaten-Anbieters Morningstar ist
VW in keinem von den 20 großen ESG-Indexfonds (Exchange Traded
Funds, ETFs) „nennenswert enthalten". Einige Fondsmanager nennen
ausdrücklich den niedrigen ESG-Score von VW als Begründung (Back-
ovic & Narat, 2023).

Um sein ESG-Rating zu verbessern und die „rote Flagge" loszuwerden,
kündigt VW im Juni 2023 ein „transparentes, unabhängiges externes
Audit" an. Damit wolle man „der Öffentlichkeit volle Transparenz […]
geben", so Konzernchef Oliver Blume (Backoviv & Fröndhoff, 2023b,
S. 18). Gleichzeitig bekommt der Autohersteller Probleme mit der Justiz: Das Europäische Zentrum für Verfassungs- und Menschenrechte hat
eine Beschwerde nicht nur gegen VW, sondern auch gegen BMW und
Mercedes beim Bundesamt für Ausfuhrkontrolle eingereicht. Der Vorwurf sind Verstöße gegen Menschenrechte bei Zulieferern in der Uigu-
ren-Region und damit Verstöße gegen das deutsche Lieferkettengesetz
(Schöneberg, 2023, S. 8).

Beim Fremdkapital gelten die gleichen Regeln. Banken und Fremd-
kapitalfonds gewähren Kreditnehmern mit guten ESG-Ratings niedri-
gere Zinsen. Ein schlechtes ESG-Konzept, schlechte ESG-Kennzahlen
oder ein ESG-Skandal gelten dagegen als Risiko, das mit einem entsprechenden Zinsaufschlag bestraft wird (Gadow et al., 2023, S. 564 ff.;
Retzer et al., 2023, S. 413 f.; Schmedders, 2023, S. 16; Tönningsen,
2023, S. 2485 ff.; Burzer et al., 2022, S. 1723 ff.). Auch die Anforderungen an Sicherheiten sind bei „braunen" Unternehmen höher.
Banken verstehen darunter Betriebe, die „in hohem Maße zum Klimawandel beitragen und ihre Geschäftsprozesse entweder gar nicht klima-
freundlich umgestalten oder dabei nur geringe Fortschritte erzielen". Im

Gegensatz dazu tragen „grüne" Unternehmen gar nicht oder wenig zum Klimawandel bei, und „gelbe" Unternehmen emittieren zwar netto Treibhausgase, erzielen bei der Minderung aber „relevante" Fortschritte (Osman, 2023a). Wer ESG ignoriert, dem bleiben nur noch private Kapitalgeber, etwa spezialisierte Fonds, und Banken aus Schwellenländern wie China, Indien oder Indonesien (Mohr, 2023, S. 25; Osman, 2023b, S. 21). Auch öffentliche Beihilfen fließen nur noch ab einem gewissen ESG-Mindestniveau.

Wie relevant die Entwicklung ist, zeigt ein Beispiel aus der Kunststoffindustrie. Der Dachverband Industrievereinigung Kunststoffverpackungen hält die Anforderungen der EU-Umwelttaxonomie für zu strikt. Kaum ein Unternehmen sei in der Lage, die Vorgaben zu erfüllen, sagt Hauptgeschäftsführer Martin Engelmann. Er befürchtet, die Banken würden deshalb nur noch begrenzt Kredite für Hersteller von Kunststoffverpackungen vergeben. Die Betriebe benötigten das Fremdkapital aber, um das Design ihrer Produkte umweltgerecht zu verbessern, neue Materialien zu entwickeln und die Sortier- und Recyclingverfahren auszubauen. „Damit wird der Transformation in eine Kreislaufwirtschaft schlicht und einfach der Geldhahn zugedreht", klagt Engelmann im August 2023 (Gelinsky, 2023, S. 17). Zu diesem Zeitpunkt ist die Taxonomie von der EU-Kommission bereits beschlossen,[1] das EU-Parlament und der Ministerrat könnten aber noch Widerspruch einlegen.

Von den allgemeinen Finanzierungsbedingungen zu unterscheiden sind spezielle Finanzprodukte. Gemeint sind Verträge mit ESG-Klauseln, etwa „grüne Anleihen" („Green Loans") oder nachhaltigkeitsbezogene Anleihen („Sustainability Linked Loans"). Bei diesen Produkten sind Konditionen variabel an ein Rating oder eine ESG-Kennzahl geknüpft (sog. „Sustainability Performance Target"). Wer beispielsweise ein bestimmtes Rating erreicht bzw. seinen $CO_2$-Ausstoß oder Ressourcenverbrauch (Wasser, Energie) um eine bestimmte Menge oder einen bestimmten Prozentsatz mindert, der bekommt einen vorher vereinbarten Zinsrabatt gewährt. Erfolge in Nachhaltigkeit verbilligen also das Darlehen.

Diese Produkte eignen sich – noch – nicht für alle Unternehmen. Volumen und Marktanteil der grünen Finanzierungen wachsen aber deutlich (Blöcker & Engelmann, 2023, S. 14 ff.; Trinkaus et al., 2022,

S. 45 ff./47). Aber: „In zwei, drei Jahren wird es keinen Kredit mehr geben, der die Aspekte der Nachhaltigkeit nicht beleuchtet", meint Silke Stremlau, Vorsitzende des Sustainable-Finance-Beirats der Bundesregierung und Vorstand der Hannoverschen Kassen. Das Geschäftsmodell des Kreditnehmers dürfe dann nicht mehr „ins Wanken" kommen (Meck, 2023, S. 58). Falls doch, würden sich die seriösen Finanzquellen verschließen.

Die Rolle von Kommunikatoren in diesem regulatorisch vorgegebenen Prozess ist es, die ESG-Reputation des Unternehmens fortlaufend zu stärken. Sie dürfen keinen Zweifel aufkommen lassen an der Vereinbarkeit des Geschäftsmodells mit den ESG-Anforderungen von heute und morgen. Dazu braucht es immer wieder aktuelle Geschichten über Meilensteine auf dem Weg zu mehr Nachhaltigkeit.

Prämierte Praxisbeispiele börsennotierter Unternehmen finden sich in der Studie „Reputation of Listed Companies Worldwide. An Analysis of the 6 Most Important Stock Indices" (Forthmann & Gross, 2023. Sieger des globalen, Mitte 2023 veröffentlichten Reputationsvergleichs, der von dem Hamburger Institut für Management- und Wirtschaftsforschung (IMWF) erhoben wurde, ist Schneider Electric aus Frankreich. Das Unternehmen profiliert sich vor allem mit Kommunikation zum Internet der Dinge (Internet of Things = IoT), erneuerbaren Energien, Cloud-Infrastruktur, Robotik und maschinellem Lernen. Ein Standard- und Dauerthema sind Produktinnovationen (Neumann et al., 2019, S. 117 ff./73 f.). Als Kanäle dafür nutzt es ganz überwiegend „X" (79 %), ehemals Twitter, ansonsten eigene Pressemitteilungen (13 %) sowie Presse und Rundfunk („news", 6 %).

Auch die Themen der Zukunft benennt Schneider vergleichsweise konkret. Ganz oben rangieren Klimaschutz durch Einsatz des IoT sowie die Entwicklung von Technologie, um anderen Unternehmen zu mehr Nachhaltigkeit zu verhelfen. Für seine Erfolge und Strategie erhielt Schneider mehrere Auszeichnungen: vom Deutschen Nachhaltigkeitspreis über die Innovation des Jahres im Bereich Künstliche Intelligenz/ maschinelles Lernen bis – mehrfach – zum „nachhaltigsten Unternehmen der Welt" nach Wertung der Medien- und Forschungsgesellschaft Corporate Knights (Forthmann & Gross, 2023, S. 11). So erhalten Gegenwart und Zukunft Konturen, die Finanziers als Entscheidungsgrundlage dienen können und bei allen Bezugsgruppen eine klare und starke ESG-Reputation entstehen lassen.

An zweiter Stelle folgt Microsoft. Die Themen des US-Technologieriesen bieten zunächst wenig Überraschungen: MS Office, Betriebssysteme, Cloud-Infrastruktur, Computerspiele und generell IT-Technologie. Interessant sind die konkreten ESG-Beispiele. Der Konzern hat eine Initiative namens „Future Skills" gestartet, um junge Leute fit zu machen für die Anforderungen der digitalen Welt. Das gibt Pluspunkte bei „Social". Konkrete Anwendungen, die vor allem auf „Environmental" einzahlen, finden sich überwiegend in Kooperationen mit anderen Unternehmen. So entwickelt der Software-Riese zusammen mit der Wirtschaftsprüfungs- und Unternehmensberatung EY ein Dienstleistungsangebot für das Management von ESG-Daten. Gemeinsam mit Mercedes bringt man Nachhaltigkeit in der Autoproduktion voran. Grundlage dafür ist eine Datenplattform namens MO360. In Finnland schließlich speist Microsoft Abwärme eines Datenzentrums ins Fernwärmenetz ein und trägt so zur Stilllegung eines Kohlekraftwerks bei. Als Mittel zur Kommunikation solcher Beispiele nutzt das Unternehmen eigene Pressemitteilungen (42 %), Presse und Rundfunk („news", 28 %) und Blogs (11 %) (Forthmann & Gross, 2023, S. 12).

Ein interessanter Einzelfall aus der Praxis ist Werbung von BMW für das Wasserstoff-Auto iX5 Hydrogen. „[...] ein reines Konzeptfahrzeug, das nicht käuflich erhältlich ist", heißt es ausdrücklich in der Anzeige (BMW, 2023, S. 5). Diese Kommunikation ist rein ESG-reputationsgetrieben und auf eine noch nicht greifbare Zukunft gerichtet. Eine Produktion des Autos ist nicht in Sicht. Das Konzept ist wohl mehr Wette auf ein Echo als verlässliche Planung. Bislang war Werbung für Konzeptfahrzeuge meist von der Motivation getrieben, ein Ausrufezeichen beim Design zu setzen: „Seht her!" In BMWs Werbung geht es dagegen vorrangig um das Innere des Autos, den Antrieb, die Technik.

Speziell mittelständische Unternehmen können ihre ESG-Reputation stärken, indem sie einen Aufsichtsrat mit ESG-Expertise einrichten. Nach Einschätzungen von Experten erfordert die CSRD eine Neuausrichtung und Erweiterung der gesamten Corporate Governance mit Fokus auf Umweltthemen (Balke, 2023, S. 741 f., Rn. 72 ff.). Für viele Firmen ist das noch ein weiter Weg (Quick et al., 2023, S. 913 ff.). Nicht nur die technologische Transformation muss dokumentiert und kommuniziert werden, sondern auch die Neuausrichtung und Neuqualifikation von Management und Unternehmenskontrolle.

Einige amerikanische Unternehmen haben Lücken im staatlichen Sozialsystem als Nische entdeckt, in der sich ESG zum allseitigen Nutzen ausbauen lässt. Sie bieten Mitarbeitern, manche auch Kunden, eine allgemeinmedizinische Grundversorgung im Betrieb an. Vorreiter sind die US-Einzelhandelskette Walmart, der Online-Versandhändler Amazon, der Einzelhandels-Discounter Dollar General sowie die Apotheken-Ketten Walgreens und CVS.

Gestellt und beschäftigt wird der „Corporate Doc" in der Regel von externen Dienstleistern, die darauf spezialisiert sind. Ein Treiber dieses Trends sind die exorbitant hohen Kosten des US-Gesundheitssystems. In Gebieten mit schlechter ärztlicher Versorgung oder als Bonus, um erfahrene Kräfte länger im Job zu halten, könnte das Angebot jedoch auch für Unternehmen in Deutschland interessant sein.

## Note

1. Verabschiedet von der EU-Kommission am 13. Juni 2023. (?)

## Literatur

*Forthmann, Jörg; Gross, Marie Sophie (2023):* Reputation of Listed Companies Worldwide. An Analysis of the 6 Most Important Stock Indices. Hamburg: IMWF.

Stippler, F. (13. April 2023). Deutsche Bank reduziert Kredite an fossile Energiefirmen. Das Institut zählt immer noch zu den wichtigsten Geldgebern für Öl-, Gas- und Kohleunternehmen. In einem Bereich hat sich das Engagement außerdem deutlich erhöht. Handelsblatt. https://www.handelsblatt.com/finanzen/banken-versicherungen/nachhaltigkeit-deutsche-bank-reduziert-kredite-an-fossile-energiefirmen/v_detail ..., abgerufen am 14. April 2023.

Hünninghaus, A. (2023). Das neue Kalkül. Risikokapitalgeber investieren neuerdings immer öfter in Unternehmen, die dabei helfen, gesellschaftliche oder ökologische Probleme zu lösen. Zwei Investorinnen und ein Investor berichten über ihre Entscheidungskriterien. Brand eins, S. 66–72.

Jauernig, H., Koerth, K.; Rainer, A. (14. Okt. 2023). Geld gegen Ökolügen. Anlagen: Unzählige Start-ups werben mit Nachhaltigkeit, tragen aber zum Klimaschutz wenig bei. Eine neue Riege von Geldgebern macht ihre Förderung nun von wissenschaftlichen Kriterien abhängig. Ein Novum in der Finanzbranche. Der Spiegel, S. 82–83.

Backovic, L.; Narat, I. (1. Juni 2023). VW-Aktie spielt in kaum einem Nachhaltigkeitsfonds eine Rolle. Volkswagen-Chef Blume will den Konzern zum Elektroautobauer wandeln. Eine Analyse zeigt nun: Unter Investoren kommt die Strategie nur bedingt an. Handelsblatt. https://www.handelsblatt.com/unternehmen/industrie//esg-ratings-vw-aktie-spielt-in-kaum-einem-nachhaltigkeitsfonds-eine-rolle/…, abgerufen am 2. Juni 2023.

Müßgens, C. (22. Juli 2023). VW im Crashtest. Europas größter Autokonzern kämpft mit so vielen Problemen wie lange nicht mehr. Abstiegskampf in China, Konjunkturschwäche, niedriger Aktienkurs: Ist Volkswagen für die Zukunft gerüstet? Frankfurter Allgemeine Zeitung, S. 21.

Backovic, L.; Fröndhoff, B. (20. Juni 2023a). Nach Druck von Investoren: Volkswagen erwägt externe Untersuchung in umstrittenem China-Werk. Der Autobauer beugt sich dem Druck von Kapitalmarkt und Politik. Neben VW lässt noch ein weiterer Dax-Konzern seine Xinjiang-Aktivitäten durchleuchten. Handelsblatt. https://www.handelsblatt.com/unternehmen/industrie/uiguren-provinz-xinjiang-nach-druck-von-investoren-volkwagen-erwaegt-externe-untersuchung …, abgerufen am 21. Juni 2023.

Backoviv, L.; Fröndhoff, B. (22. Juni 2023b). Umstrittenes China-Werk. Volkswagen erwägt Untersuchung. Tagesspiegel, S. 18.

Schöneberg, K. (23. Juni 2023). VW prüft China-Werk. Lange wehrte sich Volkswagen, Verantwortung für die Menschenrechte in seiner Fabrik in der Uiguren-Provinz zu übernehmen. Nun soll untersucht werden. Betroffene zweifeln. die tageszeitung, S. 8.

*Gadow, Stefanie; Hartmann, Ullrich; Lienland, Dieter; Bruhn, Benjamin:* Berücksichtigung von ESG-Risiken im Rahmen der Kreditvergabe- und Überwachungsprozesse von Finanzinstituten, in: Der Betrieb 2023, S. 564–569.

Retzer/Jasmund/Falge, DB 2023, S 413 f. Zu den Unterschieden zwischen Ratings verschiedener Agenturen für ein und dasselbe Unternehmen vgl.

Schmedders, K. (10. Juli 2023). Die Ära des Greenwashings endet. Rating-urteile über die Nachhaltigkeit von Unternehmen sind oft noch widersprüch-lich. Doch dem ESG-Chaos lässt sich abhelfen. Frankfurter Allgemeine Zei-tung, S. 16.

*Tönningsen, Gerrit:* Der Vorschlag der Europäischen Kommission für eine Ver-ordnung über die Transparenz und Integrität von ESG-Rating-Tätigkeiten: Ein erster Überblick, in: Der Betrieb 2023, S. 2485–2489.

*Burzer, Julian; Knoll, Leonhard; Lorenz, Daniela:* ESG und deutsche Aktien: Liegt die Nachhaltigkeit im Auge des Betrachters?, in: Der Betrieb 2022, S. 1721–1729.

Osman, Y. (25. Juli 2023a). Banken verschärfen ihre Kriterien für Kredite an Klimasünder. Die Kreditinstitute in Deutschland legen strengere Kriterien für Unternehmen an, die in hohem Maße zum Klimawandel beitragen. Die-ser Trend dürfte sich noch verstärken. Handelsblatt. https://www.handels-blatt.com/finanzen/banken-versicherungen/banken/bundesbank-umfrage-banken-verschaerfen-ihre-Kriterien-fuer-kredite-an …, abgerufen am 26. Juli 2023.

Mohr, D. (25. Mai 2023). „Finanzbranche finanziert, was die Lebensgrundlage zerstört". Frankfurter Allgemeine Zeitung, S. 25.

Osman, Y. (23. Okt. 2023b). Deutsche Bank. Nur wer $CO_2$ einspart, bekommt Kredit. Tagesspiegel, S. 21.

Gelinsky, K. (10. Aug. 2023). Streit über Taxonomie ist zurück. Kunststoff-industrie rügt unrealistische Vorgaben. Frankfurter Allgemeine Zeitung, S. 17.

*Blöcker, Katlen; Engelmann, Bianca:* ESG-Komponenten bei Unternehmens-finanzierungen, in: Der Betrieb 2023, M14–M16.

*Trinkaus, Marc; Dey, Sebastian; Rölike, Nicole; Bhatti, Julia; Sahm, Ann-Marie:* Rechtsentwicklungen 2022: Rechtsentwicklungen im Kredit- und Kapital-marktrecht 2022, in: Der Betrieb 2022, S. 45–51.

Meck, G. (12. April 2023). Interview: „Grüne Geldanlage gefährdet keine Ren-dite". Können Privatanleger die Welt verbessern? Sind Rüstungsaktien plötz-lich nachhaltig? Und was hat es mit „Greenwashing" auf sich? Darüber dis-kutieren die ESG-Experten Silke Stremlau und Ralph Hientzsch. Focus Money. Nr. 16, S. 58–59.

*Neumann, Michael; Forthmann, Jörg; Heintze, Roland (2019):* Krisen-kommunikation auf dem Seziertisch. Wie Manager Reputation und Unter-nehmenswert unter Druck verteidigen. Hamburg: IMWF.

BMW (17. Juni 2023). The iX5 Hydrogen. Frankfurter Allgemeine Zeitung, S. 5.

*Balke, Michaela:* Zwischenbefund aus der Praxis zu den organisatorischen Herausforderungen der ESG-Richtlinien für Unternehmen, in: Die Aktiengesellschaft 2023, S. 732–742.

*Quick, Reiner; Gauch, Kevin; Heinze, Manuel:* Qualität der Corporate-Governance-Berichterstattung in Deutschland. Analyse der Berichte der S-Dax-Unternehmen mittels eines Scoring-Modells, in: Der Betrieb 2023, S. 913–917.

# 3

# ESG-Kommunikation und Unternehmenswert

**These**

*Geschickte ESG-Kommunikation steigert den Unternehmenswert. Daraus folgt eine Verpflichtung für Manager und Kommunikatoren gegenüber den Eigentümern (Shareholdern), eine strukturierte ESG-Kommunikation zu betreiben.*

Mit Verabschiedung der CSRD und zunehmender Feinregulierung ist ESG fester Bestandteil der Unternehmensbewertung geworden. In der Praxis bestehen zwar noch Unsicherheiten, vieles ist im Fluss. Aber sicher ist: Wer Nachhaltigkeitsaspekte nicht in die Bewertung mit einbezieht, wird kaum zu vertretbaren Ergebnissen kommen. Die künftige Wettbewerbsfähigkeit eines Geschäftsmodells lässt sich ohne ESG-Analyse in aller Regel nicht mehr beurteilen (KPMG, 2022).

In der Regel wird ESG-Konformität den Wert erhöhen. Mehrere Studien sprechen für eine positive Wirkung auf den Unternehmenswert und die Rendite für Investoren (Forthmann & Gross, 2023; Schaaf, 2023, S. 92–94). Eine gesetzmäßige Kausalität ist zwar nicht leicht nachweisbar und war deshalb früher umstritten. Derselbe Zweifel richtete sich ur-

© Der/die Autor(en), exklusiv lizenziert an Springer Fachmedien Wiesbaden GmbH, ein Teil von Springer Nature 2024
M. Neumann, J. Forthmann, *ESG-Reporting in der Unternehmenskommunikation*,
https://doi.org/10.1007/978-3-658-44204-0_3

sprünglich auch gegen Purpose- und Stakeholder-Orientierung. Fachleute aus Wirtschaftsprüfung und Investmentbanking haben jedoch inzwischen recht belastbare Erfahrungen gesammelt, die darauf hindeuten, dass ein positiver Zusammenhang besteht.

Aber es gibt auch immer wieder Gegenbeispiele. Die Kurse und die Gewinne der Öl-Konzerne stiegen nach dem Angriff Russlands auf die Ukraine deutlich an. Diese nicht vorhersehbare Sonderkonjunktur drehte – wohl vorübergehend – einen Trend um. Wir kommen darauf zurück.

Typische Situationen, in denen der Wert eines Unternehmens und zunehmend auch speziell ESG eine Rolle spielen, sind: Verhandlungen über Fremdfinanzierungen (Kreditwürdigkeit, Konditionen), Einstieg von Eigenkapitalinvestoren, Rechnungslegung und Besteuerung, Erbauseinandersetzungen, Gewährleistungen, Strategiefragen, Verpachtung eines Unternehmens, Kauf, Verkauf oder Fusion (M&A) (Ihlau & Zwenger, 2023, S. 2215 ff.; Mußler, 2023, S. 25; Jung, 2023, S. 19), Spaltung oder Ausgliederung, Restrukturierung, Sanierung und Insolvenz, Börsengang, Gesellschafterwechsel bei Personengesellschaften, Squeeze-out sowie die Auflösung (Liquidation) von Gesellschaften. Für Situationen, in denen das Interesse auf eine hohe Bewertung gerichtet ist,[1] sollten Kommunikatoren durch stetige Stärkung der Reputation vorsorgen.

Zwei Wissenschaftler, die an renommierten amerikanischen Business Schools unterrichten, vermochten 2020 nach Auswertung einschlägiger Studien noch keinen generellen positiven Zusammenhang zu erkennen zwischen ESG und einem Plus bei Gewinn, Wachstum, Unternehmenswert oder Rendite für die Investoren (Bradford & Damodaran, 2020). Es komme darauf an, um was für eine Art Betrieb es sich handle: „There are clearly firms that benefit from being socially responsible but there are just as clearly firms where being socially responsible creates costs with no offsetting benefits", unterscheiden Cornell Bradford und Aswath Damodaran (Bradford & Damodaran, 2020, S. 22). Gleichzeitig warnen sie vor pauschalen Behauptungen über positive Effekte von Purpose und ESG: „Telling firms that being socially responsible will deliver higher growth, profits and value is false advertising" (Bradford & Damodaran, 2020, S. 22).

Eine Ursache für unterschiedliche und widersprüchliche Ergebnisse bei Leistungs- und Bewertungsvergleichen war nach Ansicht von Bradford

und Damodaran der Wildwuchs an staatlichen Vorschriften sowie privaten Geschäftsbedingungen und sonstigen Regelwerken zu ESG (Neumann et al., 2023). Doch das hat sich geändert. Mit jeder Regulierung
von Staaten oder internationalen Organisationen wurden und werden die
Maßstäbe klarer, einheitlicher und verbindlicher. Die CSRD und die mit
ihr verbundenen Regelwerke wie die E- und S-Taxonomien und die European Sustainability Reporting Standards (ESRS)[2] sind wichtige Schritte in
Richtung einheitlicher Normen (von der Heide et al., 2023, S. 251).

Drei Autoren eines Standardwerks zur Unternehmensbewertung, die
in Diensten der Unternehmensberatung McKinsey stehen (und ein
wirtschaftliches Interesse an ESG-Beratung haben dürften), sahen dagegen schon zum gleichen Zeitpunkt wie Bradford und Damodaran eine
positive Korrelation und wohl auch Kausalität zwischen ESG und Unternehmenswert. Bereits 2019 hätten Hunderte Topmanager von kurz-
fristigen Erfolgen berichtet. Seitdem seien weitere Belege aus Wissenschaft und Praxis hinzugekommen, schreiben Tim Koller, Marc Goedhart und David Wessels (McKinsey and Company, Koller, Goedhart &
Wessels, 2020, S. 83 ff./86).

Die wichtigsten Effekte waren laut diesen Autoren: (1) Wachstum von
Umsatz und Marktanteil (bis 20 % über Marktdurchschnitt), (2) Kosten-
senkungen (die zu Gewinnsprüngen bis 60 % führen), (3) weniger Be-
lastungen durch staatliche Markteingriffe (bei manchen Branchen hängt
mehr als die Hälfte des Unternehmenswerts von Regulierung ab), (4) höhere
Zufriedenheit und Produktivität sowie stärkere Bindung der Mitarbeiter
und Zulieferer (was zu höheren Gewinnen und höherer Verzinsung des ein-
gesetzten Kapitals führt) und schließlich (5) ertragreichere Investitionen
sowie effektiverer Einsatz von Kapital (wegen des Fokus auf nachhaltiges Geschäft und des Vermeidens von „stranded investments/assets") (McKinsey
and Company, Koller, Goedhart & Wessels, 2020, S. 83 ff.).

Wer beispielsweise im Rahmen eines ESG-Programms frühzeitig auf
Energiesparen gesetzt hat oder auf Selbstversorgung mit erneuerbaren
Energien, der war weniger von dem starken Anstieg der Energiepreise
wegen des Kriegs in der Ukraine in den Jahren 2022/23 betroffen. Diese
Investitionen rechnen sich nun schneller als veranschlagt. Wer dagegen
viel Energie benötigte und keine Reserven oder Alternativen hatte, der
musste deutlich höhere Kosten verkraften. Investitionen in fossile

Energieträger könnten sich zudem als Fehlinvestition erweisen, wenn der Ausstieg schneller gelingt als gedacht.

Zwei Autorinnen, die bei der Wirtschaftsprüfungs- und Steuerberatungsgesellschaft Mazars in Düsseldorf arbeiten und vermutlich zu einem guten Teil mittelständische Unternehmen beraten, kommen zu einem ähnlichen Ergebnis wie das Trio von McKinsey. Als Ausgangspunkt zitieren Susann Ihlau und Katharina Zwenger eine qualitative Auswertung von mehr als 2000 Studien, die seit 1970 erstellt wurden. Nach dieser Meta-Studie fanden knapp zwei Drittel (63 %) der Untersuchungen Belege für eine positive Korrelation zwischen ESG-/Nachhaltigkeits-Engagement und finanziellem Erfolg von Unternehmen (Ihlau & Zwenger, 2020, S. 2091).

Jüngst bestätigte das Carbon Disclosure Project (CDP) die Erfahrungen von McKinsey und Mazars zumindest der Tendenz nach. Die Klimaschutz-NGO analysierte 840 europäische Unternehmen aus 17 Branchen. Laut CDP senkten diese Firmen ihren „direkten und indirekten" Treibhausgasausstoß von 2018 bis 2021 im Durchschnitt um 14 %. Ihren Absatz erhöhten sie im selben Zeitraum um durchschnittlich 8 % (taz, 2023, S. 8.). Mit „indirekten" Emissionen sind vermutlich Treibhausgase aus dem Energiebezug, der Lieferkette und der Verwendung des Produkts gemeint (Scope 2 und 3). Um den Wert dieser Erfolge bemessen zu können, müsste man freilich auch die Zahlen von Konkurrenten betrachten, die beim $CO_2$-Sparen weniger ehrgeizig oder weniger erfolgreich waren.

Entscheidend aus Sicht der Unternehmensbewertung und der Unternehmenskommunikation ist letztlich die Frage, wie man den Wertbeitrag von ESG-Engagement quantifiziert und – auch als Beleg – in den Zahlungsströmen („cash flows") abbildet. Ihlau und Zwenger schlagen dazu folgendes Verfahren vor: Zuerst müssten die ESG-Faktoren identifiziert werden, die für das Geschäftsmodell und die Branche entscheidend seien (bspw. Stromverbrauch, Wasserverbrauch, Menschenrechte in der Lieferkette, Qualifikation und Verweildauer der Mitarbeiter) (KPMG, 2022).

Als betriebswirtschaftliche Instrumente oder Quellen dafür nennen sie:

• die Stakeholder-Analyse (Interessen und Ansprüche der Bezugsgruppen des Unternehmens),

- die Pestle-/Pestel- oder STEP-Analyse (Sociological, Technological, Economical and Political/Legal Change),[3]
- die Branchenstrukturanalyse nach Michael E. Porter (Porter's five forces: Konkurrenz in der Branche, neue Wettbewerber, Verhandlungsmacht der Kunden, Verhandlungsmacht der Lieferanten, Gefahr der Produktsubstitution),
- die SWOT-Analyse (strength, weaknesses, opportunities, threats) und
- Nachhaltigkeitsberichte.

Im zweiten Schritt seien die identifizierten Faktoren zu qualifizieren, d. h., einem der Bereiche Umwelt, Soziales oder Unternehmensführung zuzuordnen und zu quantifizieren, damit ihre Auswirkung auf den Unternehmenswert bestimmt werden kann. Schließlich kann man verschiedene Szenarien simulieren, etwa Wertentwicklung mit und ohne ESG-Maßnahmen, und deren Eintrittswahrscheinlichkeiten und Resultate vergleichen (Ihlau & Zwenger, 2020, S. 2093 ff.; KPMG, 2022). So weit ist das Arbeit für die Finanzexperten.

Deren Analysen und Szenarien bieten jedoch Ausgangspunkte für eine Kommunikation, die einzelne Zahlen und quantitative Entwicklungen anhand anschaulicher und aktueller Beispiele erklärt. Kommunikatoren sollten wissen und verstanden haben, auf welchen Überlegungen und Berechnungen ESG-Prognosen des eigenen Unternehmens beruhen. Dann können sie sich einzelne Modelle herauspicken und diese für beispielhafte und anschauliche Geschichten mit aktuellen Aufhängern nutzen. Am einfachsten ist es, über Stärken zu reden. Die Schwächen macht man eher nicht zum Thema. Es kann aber sein, dass man sie verteidigen muss. Für diese Eventualität sollte man die Einschätzungen des eigenen Hauses dazu kennen.

Wie wichtig die Verzahnung von Finanzen und Kommunikation ist, unterstreicht eine Mahnung der Autorinnen: Um den möglichen Wertbeitrag von ESG optimal auszuschöpfen, müsse das Unternehmen das angekündigte Programm nicht nur umsetzen, sondern die Erfolge dabei auch kommunizieren (Ihlau & Zwenger, 2020, S. 2092 f./2095). Die Stärkung der Reputation, die Bindung und Motivation von Mitarbeitern und Kunden und daraus folgend die Wahrscheinlichkeit einer Wertsteigerung schätzen sie offenbar so hoch ein, dass sie auch kleinen Unternehmen, die nicht zu ESG verpflichtet sind, zu freiwilligen ESG-Programmen sowie zu ESG-Rechnungslegung und -Kommunikation raten (Ihlau & Zwenger, 2020, S. 2092 f./2095).

Der Krieg Russlands gegen die Ukraine war, wie bereits angesprochen, ein Test für ESG. Nach der Invasion am 24. Februar 2022 vervielfachten sich die Preise für Öl und Gas. Entsprechend stiegen die Aktien von Unternehmen, die in der Wertschöpfungskette fossiler Brennstoffe arbeiten. In ESG-Fonds sollte man zu dieser Zeit höchstens noch solche Unternehmen aus der Öl- und Gasbranche gefunden haben, die bei der Transformation zu erneuerbaren Energien als Klassenbeste abschnitten, die sich also im Spitzentempo von ihren angestammten Produkten verabschiedeten. Die größten Gewinner des Öl- und Gas-Booms dürften sich eigentlich nur noch in „Sünden-Fonds" befunden haben.

Trotz dieser Verlockung zu „braunen" Investitionen zogen die ESG-Fonds jedoch weiterhin mit Abstand das meiste Kapital an. Bis Ende September 2022 flossen 89 % des in diesem Dreivierteljahr neu angelegten Geldes in nachhaltige Anlagen, sagen Zahlen des Datenanbieters Morningstar. Gründe für die fortbestehende Attraktivität von ESG sind vor allem nichtfinanzielle Motive der Anleger, sprich: Umweltschutz und soziales Engagement (Economist, 2022, S. 70). Das bedeutet: ESG-Unternehmen konnten sich auch durch die Tiefpunkte einer Krise hindurch einfacher und günstiger finanzieren. Professionelle Vermögensverwalter bestätigen zudem, „dass nachhaltige Investments nach Renditegesichtspunkten keinesfalls hinter herkömmlichen zurückstehen", und berufen sich dabei auf „aktuelle Studien" (Bangert, 2022, S. 48; Meck, 2023, S. 58).

Laut dem Wissenschaftler und Unternehmensberater Wolfgang Jenewein, Universität St. Gallen, kommt es auf die Kausalität zwischen Gemeinwohlorientierung und finanziellem Unternehmenserfolg ohnehin nicht mehr an. Er ist sich sicher, dass „sich die Idee des Shareholder Value überholt hat", und empfiehlt eine scharfe Wende. „Unternehmen sollten auf keinen Fall damit argumentieren, dass sie mit Purpose mehr Umsatz, mehr Gewinn oder mehr Wachstum erreichen. Es geht nicht um den Return on Investment (ROI) – es geht um einen Return on Character" (Storn, 2022, S. 12). Das klingt gut, ist aber für Manager und Kommunikatoren schwer umsetzbar. Welche Eigentümer („shareholder") interessieren sich nicht für die Rentabilität ihres Kapitals und lesen und hören stattdessen lieber von charakterlichen Heldentaten?

In den USA scheint die Entscheidung ESG oder Shareholder Value in Reinform noch offen, wenn man sich an der öffentlichen Debatte orientiert. Wegen der politischen Polarisierung gebe es keine offensichtlich richtige Strategie, meinte Roberto Tallarita von der Universität Harvard noch Ende 2022. Der Investor und Politiker Vivek Ramaswamy versucht weiterhin aufzuhalten, was er als Trend zur „Politisierung" der Unternehmenswelt ablehnt (Nelles, 2023, S. 78–79). Als Chef der von ihm 2022 gegründeten Investmentgesellschaft Strive Asset Management plädiert er für eine Rückkehr zum Shareholder Value nach Milton Friedman (1970). Unter anderem mit diesem Programm bewirbt er sich Mitte 2023 um die Position als US-Präsidentschaftskandidat der Republikanischen Partei. Er wird dabei unterstützt von dem Silicon-Valley-Investor Peter Thiel, der wiederum zu den größten Unterstützern von Ex-US-Präsident Donald Trump gehört.

Die Praxis ist komplizierter: Versicherer ziehen sich aus dem Geschäft mit Gebäude-Policen oder aus Gebieten wie Kalifornien und Florida zurück, weil dort als Folge der Klimakrise Stürme, Hochwasser, Dürren und Feuer Verheerungen anrichten. „We are marching steadily towards an uninsurable future in a number of places across the United States", sagt Dave Jones, Versicherungsexperte und Direktor der Climate Risk Initiative an der University of California in Berkeley. Ein prominentes Beispiel für einen kompletten Rückzug aus dem Markt mit Immobilienpolicen ist MayState Farm, der größte Gebäudeversicherer Kaliforniens (Economist, 2023a, S. 35 f.; Lecière, 2023, S. 8; von Petersdorff, 2023a, S. 29).

Nach Schätzungen des Versicherungsmaklers Gallagher Re sind die Preise für Rückversicherungen in den USA allein im ersten Halbjahr 2023 um 50 % gestiegen. Gründe waren Umweltkatastrophen in Florida und Kalifornien. Die Preise für Erstversicherungen können in Kalifornien aber nicht nachziehen, weil der Bundesstaat sie gedeckt hat. Das kann nicht lange funktionieren (Economist, 2023b, S. 6). Jesse Keenan, Professor für Nachhaltigkeit an der Tulane University in New Orleans, fragt, was mit den Menschen geschieht, die sich weder die steigenden

Versicherungsprämien noch ein unversichertes Haus noch einen Wegzug leisten können. „At the end of the day people who live in super-high-risk zones are going to have to move. [...] And there is going to be a lot of political bloodshed along the way" (Economist, 2023a, S. 36).

Irgendwann wird es der Bevölkerung nicht mehr zu vermitteln sein, dass Unternehmen keine „woken" Klimaziele verfolgen sollen und Hausbesitzer mit Eigentum, Vermögen, Gesundheit und Leben für die Folgen haften. Außerdem zeigt sich ein Widerspruch zwischen Worten und Taten. Die republikanisch regierten Staaten gehören zu den engagiertesten Bewerbern um Klimasubventionen des Bundes aufgrund des „Inflation Reduction Act", den die demokratische Regierung unter ihrem Präsidenten Joe Biden gestaltet hat.

Schließlich droht die US-Justiz, ein Weiter-so zu stoppen oder prohibitiv zu verteuern. Mehr als 1500 Verfahren sind Mitte 2023 anhängig. Der Bezirk Multnomah im Bundesstaat Oregon hat 17 Öl- und Gasfirmen – darunter BP, Chevron, Exxon, Mobil und Shell – auf 51 Mrd. Dollar verklagt. Der Grund: Im Jahr 2021 stiegen die Temperaturen auf mehr als 46 Grad Celsius. 69 Menschen starben. Der Bezirk verlangt neben Schadensersatz auch Geld für Investitionen in Klimaschutz und Verbesserung der medizinischen Versorgung (Hummel, 2023, S. 6).

In Montana urteilte ein Gericht, bei Umweltverträglichkeitsprüfungen müssten die schädlichen Wirkungen freigesetzter Treibhausgase und die Folgen des Klimawandels berücksichtigt werden. Ein Gesetz, das dies verbietet, sei unwirksam (von Petersdorff, 2023b, S. 15; Schwarz, 2023, S. 8). Außerdem hat die von der Demokratischen Partei gestellte Regierung am 15. September 2023 eine Klage erhoben, und zwar gegen die fünf großen Ölförderer BP, Chevron, Conoco Philips, Exxon Mobil und Shell. Kalifornien wirft ihnen vor, über die verheerenden Folgen des Klimawandels gelogen zu haben. Sie sollen für den Schaden haften, den sie mit ihren Produkten verursacht haben (Welt, 2023; Economist, 2023a, S. 56.; Sana & Reuters, 2023, S. 15).

Auch bei der Regulierung zieht Amerika nach. Kalifornien hat im September 2023 als erster Bundesstaat ein Gesetz beschlossen, das Unternehmen ähnlich wie die CSRD zu Rechnungslegung über ESG verpflichtet. Ab 2026 müssen rund 15.000 Unternehmen ihre Geschäftsberichte entsprechend ergänzen. Gleichzeitig arbeitet die US-Börsenaufsicht SEC an einer Verordnung, die Unternehmen zur Berichterstattung über Nachhaltigkeit verpflichtet. Diese Regeln gelten zwar in allen Bundesstaaten, sind aber weniger streng als das kalifornische Gesetz, gelten nur für börsennotierte Gesellschaften und sind als untergesetzliches Recht leichter angreifbar (Economist, 2023a, S. 56). In Asien wächst das Interesse an Nachhaltigkeit und ihrer Regulierung ebenfalls (Conrads, 2023, S. 21).

Die Düsseldorfer BWL-Professorin und Vorsitzende der renommierten Schmalenbach-Gesellschaft für Betriebswirtschaft, Babara E. Weißenberger, halte jegliche Abkehr von ESG mit Blick auf künftige Gewinne und Börsenwerte für einen Fehler. Statt vorrangig um Profit gehe es langfristig unausweichlich um „Planet – People – Profit" (FAS, 2022, S. 27; Neumann et al., 2023). Manager und Kommunikatoren können sich entscheiden, welche Strategie sie für überzeugender halten. Was nicht funktionieren wird, ist eine Schaukel: ESG predigen und das Gegenteil tun. Die Risiken von Sanktionen, einem Zusammenbruch der Reputation und enormen Folgekosten wäre zu hoch.

Heuchelei wird in den meisten Fällen ohnehin keinen Sinn ergeben, weil kein Gegensatz zwischen ESG, Profit und Shareholder Value besteht. Die Chancen und Aussichten sind sehr gut, dass ESG Mehrwert für die Eigentümer eines Unternehmens schafft. Also: mehr Shareholder Value durch ESG und ESG-Kommunikation!

# Notes

1. Hoch ist nicht immer gleichbedeutend mit vorteilhaft. Wer einen Erben oder Aktionäre abfinden muss, der hat eher Interesse an einer niedrigen Bewertung.
2. C (2023) 5303, vom 31. Juli 2023: „Anhang der Delegierten Verordnung …/… der Kommission zur Ergänzung der Richtlinie 2013/34/ EU des Europäischen Parlaments und des Rates durch Standards für die Nachhaltigkeitsberichterstattung.
3. Es handelt sich um verschiedene Abkürzungen für ein und dieselbe Analyse.

# Literatur

*KPMG (2022/2):* Valuation News. Deal Advisory. September 2022, www.kpmg. de/newsletter/, S. 6–9.

*Forthmann, Jörg; Gross, Marie Sophie (2023):* Reputation of Listed Companies Worldwide. An Analysis of the 6 Most Important Stock Indices. Hamburg: IMWF.

Schaaf, S. (21. Sept. 2023). Öko? Lohnt sich! Nachhaltige Geldanlagen haben oft höhere Renditen und sind stabiler. Worauf Sie bei der Auswahl achten sollten. Stern, S. 92–94.

*Ihlau, Susann; Zwenger, Katharina:* Erfüllung der Sorgfaltspflichten aus der Business Judgement Rule bei M&A-Transaktionen im Hinblick auf ESG-Pflichten, in: Betriebs-Berater 2023, S. 2215–2219.

Mußler, H. (15. Juni 2023). ESG-Kriterien gewinnen für Börsengänge an Bedeutung. J.P. Morgan berät verstärkt zu Nachhaltigkeitsprofilen/482 Milliarden Dollar gegen Klimawandel zugesagt. Frankfurter Allgemeine Zeitung, S. 25.

Jung, M. (9. Aug. 2023). Innovation ist auf dem Vormarsch. Studie zur Transformation: M&A bleibt erste Wahl für deutsche Großkonzerne. Frankfurter Allgemeine Zeitung, S. 19.

*Bradford, Cornell; Damodaran, Aswath:* Valuing ESG: Doing Good or Sounding Good?, in: https://ssrn.corn/abstract=3557432, First draft: February 10, 2020. Current draft: March 20, 2020.

*Neumann, Michael; Forthmann, Jörg; Heintze, Roland (2023):* Im Schraubstock von Profit und Nachhaltigkeit. Warum Nachhaltigkeitsreputation für Unternehmen überlebenswichtig wird. Hamburg: IMWF.

*von der Heide, Marten; Wagner, Jana; Volkmann, Daniel; Weber, Annika:* Status quo der Nachhaltigkeitsberichterstattung von großen nicht-kapitalmarktorientierten Unternehmen in Deutschland – Eine empirische Analyse von Tochter- und Einzelunternehmen, in: Der Konzern 2023, S. 244–251.

*McKinsey and Company; Koller, Tim; Goedhart, Marc H.; Wessels, David (2020):* Valuation. Measuring and managing the value of companies. 7th edition. Hoboken (New Jersey): Wiley.

*Ihlau, Susann; Zwenger, Katharina:* Berücksichtigung von Nachhaltigkeitsaspekten bei Anlageentscheidungen und Unternehmensbewertungen, in: Betriebs-Berater 2020, S. 2091–2095.

Buttonwood. The tenacity of ESG (19. Nov. 2022). Economist, S. 70.

Bangert, H. (21. Dez. 2022). „Ethik und Rendite gehen zusammen". Es gibt nicht die eine saubere Lösung, um die Welt zu einem besseren Ort zu machen, es sind viele Bemühungen, die dazu führen, dass wir künftig gut leben können. Eine davon erläutert Roman Limacher, Chef der Schweizer Arete Ethik Invest AG. Focus Money. Nr. 52/1 2022/2023, S. 48–49.

Meck, G. (12. April 2023). Interview: „Grüne Geldanlage gefährdet keine Rendite". Können Privatanleger die Welt verbessern? Sind Rüstungsaktien plötzlich nachhaltig? Und was hat es mit „Greenwashing" auf sich? Darüber diskutieren die ESG-Experten Silke Stremlau und Ralph Hientzsch. Focus Money. Nr. 16, S. 58–59.

Storn, A. (13. März 2022). „Da muss ein Chef auch mal Schläge aushalten können". Immer mehr Unternehmen suchen ihren Daseinszweck. Macht das im Alltag einen Unterschied? Wolfgang Jenewein, Professor an der Universität St. Gallen, über Schönfärberei, weinende Manager und Sinn als große Chance. Brand eins. https://www.brandeins.de/magazin/brand-eins-thema/unternehmensberater-2020/wolfgang-jenewein-purpose. S. 3–18, abgerufen am 14. Nov. 2022.

Nelles, R. (9. Sept. 2023). Trumps Lehrling. USA: Mit radikalen Ansichten steigt der Unternehmer Vivek Ramaswamy im Wahlkampf zum neuen Liebling vieler Republikaner auf. Dabei kopiert er einfach nur die politische Agenda seines Idols. Der Spiegel, S. 78–79.

New York Times Magazine: Erstmalige Veröffentlichung von Friedmans Plädoyer, 13. Sept. 1970: „The social responsibility of business is to increase its profitability."

Cimate Change: Uninsurable America (23. Sept. 2023a). Economist, S. 35–36.

Lecière, A.-K. (2. Juni 2023). Klimakrise unversichert. Immer mehr Versicherer ziehen sich in den USA wegen Kosten von Klimafolgen zurück. In Deutschland fordert die Branche derweil mehr Pflichten. die tageszeitung. S. 8.

von Petersdorff, W. (10. Juni 2023a). Es brennt, und die Versicherer verduften. Kalifornien erlebt den Exodus der Assekuranzen/Der Klimawandel spielt eine Rolle – und eine schlechte Politik. Frankfurter Allgemeine Zeitung, S. 29.

Free Exchange. Unknown unknowns. Why people struggle to understand climate risk (15. Juli 2023b). Economist, S. 61.

Hummel, T. (28. Juli 2023). Zahl der Klimaklagen nimmt weltweit zu. Ein UN-Studie zeigt: Die meisten Verfahren finden in den USA statt, etliche auch in Deutschland. Die Vorwürfe richten sich oft gegen die Öl- und Gasindustrie. Süddeutsche Zeitung, S. 6.

von Petersdorff, W. (16. Aug. 2023b). Junge Klimakläger siegen gegen den Staat Montana. Richterin nennt das rechtlich auferlegte Ignorieren von Klimafolgen verfassungswidrig/Was sind die Folgen? Frankfurter Allgemeine Zeitung, S. 15.

Schwarz, S. (16. Aug. 2023). Gericht ruft Montana zur Klima-Räson. Jugendliche verlangten vom US-Bundesstaat, die Emissionen zu senken – und bekamen nun recht. die tageszeitung, S. 8.

# 4

# ESG-Kommunikation und immaterielle Vermögenswerte

**These**

*Immaterielle Vermögenswerte mit Bezug zu ESG (bspw. Klimaschutzkompetenz) sind ein Hebel für Kommunikatoren, um – selbstständig – Werte zu schaffen.*

Immaterielle Vermögenswerte wie Reputation, Marken, Betriebs- und Geschäftsgeheimnisse, Know-how, Kundenstamm, Mitarbeiterloyalität sowie Beziehungen zu strategischen Partnern und anderen Bezugsgruppen werden durch Kommunikation mindestens mitgeschaffen oder bestehen sogar komplett aus gelebter Kommunikation. Diese weder körperlich greifbaren und meist auch nicht rechtlich verbriefbaren Vermögenswerte werden zum „Geschäfts- oder Firmenwert" zusammengefasst, englisch „Goodwill". Darunter versteht man die Differenz zwischen dem Kaufpreis eines Unternehmens und dem Zeitwert seines bilanziellen Eigenkapitals.

Bei vielen Know-how-lastigen, innovativen Unternehmen tragen die immateriellen Vermögenwerte mehr als die Hälfte bis über zwei Drittel zum gesamten Unternehmenswert bei, sofern man den Wert nach in Zukunft wahrscheinlichen abgezinsten Kapitalzuflüssen (discounted cash-

© Der/die Autor(en), exklusiv lizenziert an Springer Fachmedien Wiesbaden GmbH, ein Teil von Springer Nature 2024
M. Neumann, J. Forthmann, *ESG-Reporting in der Unternehmenskommunikation*,
https://doi.org/10.1007/978-3-658-44204-0_4

flow) oder Erträgen berechnet (Ertragswertverfahren) (Neumann et al., 2019, S. 10 ff./28). Bei börsennotierten Gesellschaften sind die immateriellen Vermögenswerte im Kurs eingepreist. Der Kurswert, die Marktkapitalisierung, wiederum beruht zu rund einem Drittel allein auf Reputation (Forthmann & Gross, 2023, S. 11). Kommunikatoren können in diesen Bereichen besonders stark auf den Unternehmenswert einwirken oder sogar eigenständig Werte schaffen.

Im Jahresabschluss eines Unternehmens findet sich der Goodwill allerdings in der Regel nicht wieder. Der vom Unternehmen selbst geschaffene (originäre) Firmenwert darf nämlich nicht als Aktivposten in die Bilanz aufgenommen werden. Sowohl nach dem deutschen Handelsgesetzbuch (HGB) als auch nach den International Financial Reporting Standards (IFRS) und den US Generally Agreed Accounting Principles (US-GAAP) gilt ein Aktivierungsverbot. Im Bilanz- oder Buchwert eines Unternehmens findet der originäre Goodwill deshalb keinen Niederschlag.

Anders verhält es sich mit erworbenem (derivativem) Firmenwert. Er entsteht zum Beispiel, wenn ein Unternehmen ein anderes in einzelnen Bestandteilen aufkauft („asset deal"). In diesem Fall muss der Goodwill als gesetzlich „fingierter Vermögensgegenstand" sowohl nach HGB als auch nach IFRS und US-GAAP aktiviert werden: Es gilt eine Aktivierungspflicht. Das Gegenstück dazu ist der Kauf von Gesellschaftsanteilen („share deal"). Bei dieser Transaktionsform verbleibt der Goodwill bei der alten Gesellschaft und damit beim alten Eigentümer. Es bleibt beim Aktivierungsverbot (Neumann et al., 2019, S. 20 ff.).

Für Kommunikatoren sind immaterielle Vermögenswerte ein wichtiges Arbeitsfeld. Gerade weil diese Posten in der Regel nicht bilanziert werden, müssen sie auf anderem Wege sichtbar gemacht werden, wenn sie ihren maximalen Beitrag zum Unternehmenswert entfalten sollen. Viele immaterielle Vermögenswerte müssen zudem durch fortlaufende Kommunikation erhalten und gepflegt werden. In der CSRD finden sich hierzu interessante Überlegungen. Der EU-Gesetzgeber sieht Überschneidungen zwischen immateriellen Vermögenswerten und der Leistungsfähigkeit eines Unternehmens im Bereich ESG (Lanfermann & Baumüller, 2022, S. 2750).

Nach der Richtlinie gilt für die verpflichteten Unternehmen erstmals:

They „shall report information on the key intangible resources on which the business model of the undertaking fundamentally depends, and explain this dependency and how they are a source of value creation for the undertaking".[1]

Die Definition der CSRD von „key intangible resources" wiederholt zunächst allgemein Bekanntes: Immaterielle Vermögenswerte sind danach

„[...] resources without physical substance on which the business model of the undertaking fundamentally depends and that are a source of creation of the value of the undertaking" (Art. 2 Ziff. 19 Bilanz-RL i. d. F. CSRD).

Die Begründung erklärt unter Punkt (28) genauer, was gemeint und beabsichtigt ist:

„It is widely recognised that information on intangible assets and other intangible factors, including internally-generated intangibles, is underreported, impeding the proper assessment of an undertaking's development, performance and position and monitoring of investments. To enable investors to better understand the increasing gap between the accounting book value of many undertakings and their market valuation, which is observed in many sectors of the economy, adequate reporting on intangibles should be required from all large undertakings and all undertakings listed on regulated markets, except micro undertakings. Nonetheless, certain information on intangible resources is intrinsic to sustainability matters, and will therefore be part of sustainability reporting. For example, *information about employees' skills, competencies, experience, loyalty to the undertaking and motivation for improving processes, goods and services, is sustainability information regarding social matters that could also be considered as information on intangible resources. Likewise, information about the quality of the relationships between the undertaking and its stakeholders, including customers, suppliers and communities affected by the activities of the undertaking, is sustainability information relevant to social or governance matters that could also be considered as information on intangible resources. These examples illustrate how in some cases it is not possible to distinguish information on intangible resources from information on sustainability matters.*"[2] [Herv. d. Verf.]

Immaterielle Vermögenswerte sind nach diesem Verständnis wichtige Faktoren der Leistungsfähigkeit eines Unternehmens sowohl generell als auch speziell im Bereich ESG. Kommunikatoren sollten sich dieser Überschneidung bewusst sein und die Bedeutung einzelner Vermögenswerte für die jeweiligen Bereiche, sofern und soweit es im Einzelfall passt, herausarbeiten und betonen. Beispielsweise erzählt die Loyalität insbesondere umwelttechnisch herausragend qualifizierter und innovativer Mitarbeiter mehrere Geschichten. Stark vereinfacht diese: Unternehmenskultur, Arbeitsbedingungen und Vergütung laden zum Bleiben und Karrieremachen ein. Mit seinem Know-how, seinen Ideen und Produkten, entwickelt von hoch motivierten und loyalen Mitarbeitern, ist das Unternehmen Innovationsführer und Umweltschutzspitzenreiter im Markt – bis hin zum Qualitätsführer. Wer kauft und wer mitarbeitet, wird zufrieden sein.

Für Kommunikatoren bedeutet das: Sie sollten wissen, welche immateriellen Vermögenswerte die größte Bedeutung für ihr Unternehmen haben. Und sie sollten Vermögenswerte durch Kommunikation gezielt bilden.

## Notes

1. Der richtige Ort für die Berichterstattung über dieses Thema ist an sich der allgemeine Lagebericht, nicht der Nachhaltigkeitsbericht.
2. CSRD-Regulierungsbegründung Ziff. 28, S. 22. Herv. d. Verf.

## Literatur

*Neumann, Michael; Forthmann, Jörg; Heintze, Roland (2019):* Krisenkommunikation auf dem Seziertisch. Wie Manager Reputation und Unternehmenswert unter Druck verteidigen. Hamburg: IMWF.

*Forthmann, Jörg; Gross, Marie Sophie (2023):* Reputation of Listed Companies Worldwide. An Analysis of the 6 Most Important Stock Indices. Hamburg: IMWF.

Lanfermann, Georg; Baumüller, Josef. Die Endfassung der Corporate Sustainability Reporting Directive (CSRD). Darstellung und Würdigung der neuen Anforderungen an die Nachhaltigkeitsberichterstattung europäischer Unternehmen, in: Der Betrieb 2022, S. 2745–2755.

# 5

# ESG-Kommunikation, Kennzahlen und Rechnungswesen

**These**

*Kommunikatoren müssen die ESG-Kennzahlen ihres Unternehmens in Geschichten und Bilder übersetzen. Dabei dürfen sie keine Widersprüche erzeugen. Souverän arbeitet, wer auch die Zahlen der Konkurrenz versteht und interpretieren kann.*

Nach der CSRD[1] müssen Unternehmen in ihrem Lagebericht erklären, was sie leisten, um die Obergrenze von 1,5 Grad Erwärmung einzuhalten und das Ziel der Klimaneutralität im Jahr 2050 zu erreichen.[2] Dazu gehört ein Treibhausgas-Ausstiegsplan mit quantitativen Meilensteinen mindestens für die Jahre 2030 und 2050.[3]

Zudem verlangt die Richtlinie eine Darstellung der finanziellen Anreizsysteme für die Manager, für das Fachpersonal für Nachhaltigkeit („administrative") und für die Aufsichtsräte. Alle Berichtsthemen müssen mit Kennzahlen versehen werden.[4] Sinn der Metriken ist laut dem Finanzwissenschaftler Jan Pieter Krahnen, die Transformation zu einer klimaneutralen und sozial gerechten Welt steuerbar zu machen (Krahnen, 2023, S. 16).

© Der/die Autor(en), exklusiv lizenziert an Springer Fachmedien Wiesbaden GmbH, ein Teil von Springer Nature 2024
M. Neumann, J. Forthmann, *ESG-Reporting in der Unternehmenskommunikation*, https://doi.org/10.1007/978-3-658-44204-0_5

Das erfordert laut der Richtlinie – verkürzt – qualitative und quantitative Angaben:

- zu der Widerstandsfähigkeit des Geschäftsmodells und der Strategie des Unternehmens gegen Risiken im Zusammenhang mit Nachhaltigkeit [Art. 19a Ziff. 2 (a) (i) Bilanz-RL i. d. F. CSRD],
- zu Chancen im Zusammenhang mit Nachhaltigkeit [Art. 19a Ziff. 2 (a) (ii)],
- zu Plänen zwecks Einhaltung der Paris-Ziele (max. 1,5 Grad Erderwärmung, Klimaneutralität 2050) einschließlich Finanzierung und Investitionen sowie Nutzung von Öl, Kohle und Gas [Art. 19a Ziff. 2 (a) (iii)],
- dazu, wie Geschäftsmodell und Strategie die Interessen der Bezugsgruppen des Unternehmens („stakeholder") berücksichtigen und wie sich die Unternehmens-tätigkeit auf Nachhaltigkeitsangelegenheiten auswirkt [Art. 19a Ziff. 2 (a) (iv)],
- wie das Unternehmen seine Strategie mit Bezug zu Nachhaltigkeit umgesetzt hat [Art. 19a Ziff. 2 (a) (v)],
- zu zeitlichen Ziele zu (selbst identifizierten) Nachhaltigkeitsthemen des Unternehmens sowie speziell zum Treibhausgasausstieg (hier mindestens 2030 und 2050) [Art. 19a Ziff. 2 (b)],
- zur Beschreibung der Rollen von Verwaltungs-, Management- und Aufsichtsgremien bei Nachhaltigkeitsthemen, Erfahrungen und Qualifikation für die Erfüllung der Aufgaben [Art. 19a Ziff. 2 (c)],
- zur Beschreibung von Unternehmenspolitiken im Zusammenhang mit Nachhaltigkeitsthemen [Art. 19a Ziff. 2 (d)],
- zur Darstellung etwaiger Anreizsysteme für Mitglieder von Verwaltungs-, Management- und Aufsichtsgremien mit Bezug zu Nachhaltigkeitsangelegenheiten [Art. 19a Ziff. 2 (da)],
- zur Beschreibung des Due-Diligence-Prozesses, den das Unternehmen mit Bezug zu Nachhaltigkeitsthemen anwendet [Art. 19a Ziff. 2 (e) (i)]. Unter Due Diligence versteht die CSRD den Prozess, den Unternehmen anwenden, „to identify, track, prevent, mitigate, remediate and bring an end to the principal actual and potential adverse impacts connected to the their activites and identifies how they address those adverse impacts" – und zwar entlang der gesamten

Wertschöpfungskette.[5] Die potenziell schädlichen Auswirkungen („adverse impacts") sind detailliert zu beschreiben nach Schwere für Mensch und Umwelt, Zahl der Betroffenen, Ausmaß des Schadens, Prävention und Wiedergutmachung (Ihlau & Zwenger, 2023, S. 2217).

* zu wesentlichen tatsächlich oder potenziell schädlichen Auswirkungen eigener Unternehmenstätigkeit oder sonstiger Tätigkeiten innerhalb der Wertschöpfungs-, Zuliefer- oder Abnehmerkette [Art. 19.a Ziff. 2 (e) (ii)],
* zu Tätigkeiten des Unternehmens, um schädliche Wirkungen zu verhindern, zu mindern oder zu beenden, und die erzielten Ergebnisse [Art. 19a Ziff. 2 (e) (iii)],
* zur Beschreibung der Risiken des Unternehmens mit Bezug zu Nachhaltigkeit und wie das Unternehmen diese Risiken managt [Art. 19a Ziff. 2 (f)].
* Alle o. g. Angaben sollen Informationen über die Wertschöpfungs- und Lieferkette einschließen (Scope 1 bis 3) [Art. 19a Ziff. (3)].

Die Berichtspflicht umfasst alle tatsächlichen Wirkungen sowie Risiken und Chancen, die von Entwicklungen im Bereich Nachhaltigkeit ausgehen. Diese Effekte müssen in mindestens einer von zwei Dimensionen wesentlich für das Unternehmen sein; man spricht von „doppelter Wesentlichkeit" (Müller & Needham, 2023, S. 622; von der Heide et al., 2023, S. 246):[6] Entweder (1) der Betrieb berührt mit seinen Tätigkeiten Interessen seiner Bezugsgruppen oder der sonstigen Außenwelt („Inside-out"-Perspektive), und/oder (2) die Entwicklungen beeinflussen die finanzielle Stabilität, die Rentabilität oder den Fortbestand des Betriebs („Outside-in"-Perspektive). In ihren Berichten und mit den entsprechenden Kennzahlen müssen die Unternehmen drei Zeithorizonte betrachten: kurz-, mittel- und langfristig.[7] Das bedeutet: Sie müssen quantitative und qualitative Meilensteine über mehrere Jahre und Jahrzehnte setzen.

Feiner ausformuliert sind die Anforderungen in der EU-Umwelttaxonomie, einem Regulierungsmonster von 700 Seiten, und in den ESRS, die mit 281 Seiten nur etwas weniger gewaltig daherkommen. Eine Sozialtaxonomie ist im Entstehen (Neumann et al., 2023; Balke, 2023, S. 733). Die ESRS dienen zudem als einheitliches Berichtsformat für alle Unternehmen, die im Anwendungsbereich der CSRD liegen (von Keitz & Grote, 2022, S. 2942.). Art. 19a Ziff. 4 Bilanz-RL idF. CSRD bestimmt mit Bezug zu den ESRS: „Undertakings shall report the information referred to in paragraphs [= Ziffern[8]] 1 to 3 in accordance with the sustainability reporting standards referred to in Article 29b."

Für kleine und mittlere Unternehmen (KMU) nach den Definitionen der EU gelten vereinfachte Anforderungen. Die ESRS wird es für kapitalmarktorientierte KMU in einer verschlankten Fassung geben („KMU-ESRS" im Gegensatz zu den „Full-ESRS"). Im Dezember 2023 sollen sie als Entwurf vorliegen. Allerdings gibt es von dieser Kategorie Unternehmen nach Angaben europäischer Behörden nur 145 in Deutschland (Beiersdorf et al., 2023, S. 2347 f.).

Zudem gibt es spezielle Vorgaben für bestimmte Branchen: Versicherungen müssen die Nachhaltigkeitskennzahlen für ihre Kapitalanlagen (Aktivseite der Bilanz) und für die versicherten Risiken (Passivseite) in einen ESG-Score konsolidieren, den sie von Jahr zu Jahr senken sollen (Krohn, 2023, S. 31). Dieser ESG-Score wird in der Kommunikation eine zentrale Rolle spielen. Kommunikatoren werden ihn erklären müssen, um maximales Lob zu ernten – und sie werden das Unternehmen verteidigen müssen, falls der Score sich verschlechtert, falls er unter dem Branchendurchschnitt liegt oder falls er gar das Schlusslicht der Branche bildet. Das Gleiche gilt für Banken und Finanzdienstleister. Sie müssen den Anteil ihrer ESG-konformen (taxonomiekonformen) Aktiva an den Gesamtaktiva in einer „Green Asset Ratio" zusammenfassen.

Bei der Bewertung einzelner Kapitalanlagen hilft die „Beobachtungsstelle greenwashed". Dabei handelt es sich um eine Datenbank, von der institutionelle Investoren Informationen über die Nachhaltigkeit von Finanzanlagen abrufen können. Gründer des Portals und damit Helfer der Profi-Anleger sind interessanterweise Umweltschutzorganisationen, unter anderem der World Wildlife Fund for Nature (WWF), Ecos sowie Transport & Environment (T&E) (Krüger, 2023, S. 8). Es könnte sinnvoll sein, mit solchen Organisationen einen professionellen Austausch zu pflegen.

„Ein weiteres Beispiel: Immobilienunternehmen bewerten ihre Leistung im Bereich Soziales nach 54 einzelnen Kriterien. Dazu gehören Bezahlbarkeit des Wohnraums, Bauqualität, Grünflächen, Sportstätten, Kultureinrichtungen, Nah- und Gesundheitsversorgung sowie Bildung. Die einzelnen „Noten" werden auch hier nach einem gewichteten Score-Modell zusammengefasst (Chacón Troidl, 2023, S. 20.). Das Gesamtergebnis und einzelne Kennzahlen spielen bereits eine wachsende Rolle bei der Entscheidung von Kreditgebern, ob ein Unternehmen eine Finanzierung erhält und zu welchen Konditionen (Trinkaus, 2022, S. 47). Jedes einzelne Kriterium kann einen Ansatzpunkt für eine positive Erzählung der Kommunikationsabteilung bieten. Genauso gut kann es ein Angriffspunkt für Kritiker sein und Verteidigung erforderlich machen."

Reinhard Walter von der FOM Real Estate Gruppe sagt dazu, die Branche müsse sich weiterentwickeln. Es gehe um „eine konsequente Erweiterung der Wertschöpfung" und „eine schöne Möglichkeit, der Gesellschaft etwas zurückzugeben: smarten, lebenswerten, nachhaltigen Wohn- und Gewerberaum" (Psotta, 2023, S. 22). Aufgabe von Kommunikatoren ist es, anhand von Beispielen zu erklären, wie ein Unternehmen solche Räume schafft und was genau es damit der Gesellschaft zurückgibt. Sonst handelt man sich auf solche Statements schnell den Vorwurf des Greenwashings ein.

Die detaillierten Vorschriften dazu, was und wie zu berichten ist, werden – hoffentlich – einen Missstand beseitigen und für Fairness im Wettbewerb sorgen. In der Vergangenheit waren die Vorgaben nicht einheitlich. Es gab verschiedene sogenannte Rahmenwerke für die Berichterstattung. Deshalb waren die Berichte verschiedener Unternehmen schlecht vergleichbar. Eine weitere Folge: Ein und derselbe Bericht eines Unternehmens wurde von verschiedenen Ratingagenturen stark unterschiedlich benotet (Retzer et al., 2023, S. 9).

Die ESRS versprechen ein Stück weit Abhilfe. Sie enthalten zunächst allgemeine Regeln[9] und dann je ein Kapitel für E, S und G. Die „Umweltaspekte" E1 bis E5 sind Klimawandel, Umweltverschmutzung, Wasser- und Meeresressourcen, biologische Vielfalt und Ökosysteme sowie Ressourcennutzung und Kreislaufwirtschaft. Unter den „Sozialaspekten" S1 bis S4 nennt das Regelwerk die eigene Belegschaft, Arbeitnehmer in der Wertschöpfungskette, betroffene Gemeinschaften sowie Verbraucher und Endnutzer. Das Kapitel Governance besteht nur aus einem Punkt: G1 Unternehmenspolitik (Müller et al., 2023, S. 247).[10]

Die nach Vorgaben der ESRS ermittelten, zur Veröffentlichung be-stimmten ESG-Leistungskennziffern besitzen nicht nur für sich einen „PR-Wert", wie die BWL-Professorin Isabel von Keitz und der Wirt-schaftsprüfer Rainer Grote in einem Fachaufsatz hervorheben. Für Kom-munikatoren sind die Zahlen vielmehr ein fortlaufender Ausgangspunkt für weiterführende, illustrierende Mitteilungen. Die Kennziffern müssen erklärt und zusammen mit einem Narrativ in der Erinnerung des Publi-kums verankert werden. Andererseits kann jede einzelne Zahl Gegen-stand kritischer Anfragen von Medien sein.

Ein schwieriges Thema sind Zielkonflikte zwischen den einzelnen Komponenten E, S und G. Wer ein Geschäftsmodell (oder eine Form der Kapitalanlage) aufgibt, das viele Treibhausgase produziert, der sammelt Pluspunkte im Bereich E. Allerdings gehen dabei Arbeitsplätze verloren, was zu Abzügen bei S führen kann. Steigt dadurch die Rendite für Aktio-näre, sollte das als Zugewinn bei G gewertet werden. Sinkt die Rendite, wäre es wohl ein Minus … (Schmedders, 2023, S. 16). Es ist Aufgabe von Kommunikatoren, komplizierte Unternehmenstransaktionen irgend möglich so zu erklären, dass ein positiver ESG-Saldo erkennbar wird.

Wer ein Unternehmen repräsentiert und kommuniziert, das eine Nach-haltigkeitserklärung abzugeben hat, der muss deshalb die eigenen ESG-Kennziffern verstehen, erklären und in lebendige und bildhafte Nar-rative übersetzen können. Dabei dürfen keine Widersprüche entstehen zwischen PR-Geschichten und Zahlenwerken des Unternehmens. Wer den Mittelwert oder Median der Branche oder eine andere Benchmark nicht erreicht, der ist nun mal kein „Spitzenreiter" oder „Top-Performer". Zu schöne Worte könnten als vorsätzliche Täuschung interpretiert werden.

Wer als Kommunikator durch Ahnungslosigkeit auffällt oder gar mit Übertreibungen oder Unwahrheiten einen Rechtsstreit provoziert, der wird mit hoher Wahrscheinlichkeit vom Management an die Leine ge-legt. Auf Compliance spezialisierte Rechtsanwälte empfehlen bereits „be-reichsübergreifende Gremien", die „Richtigkeit und Vollständigkeit rele-vanter öffentlicher Äußerungen" sicherstellen sollen (Ruttloff et al., 2023, S. 1289).

Idealerweise kennt der Kommunikator auch die Zahlen der Wett-bewerber. So kann er bei Anfragen mit Vergleichen argumentieren. NGOs und andere „watchdogs" werden ohnehin nicht nur mit dem Finger auf die Schwächen eines Unternehmens zeigen. Sie werden daneben die Leistungen der Branchenbesten hervorheben und eine Erklärung für einen etwaigen Abstand einfordern. Um sich zu rüsten, kann ein Dialog mit den gelegentlich als „number crunchers" belächelten Kollegen aus dem Controlling nicht schaden.

Schließlich sollte ein Kommunikator in der Lage sein, eine Kennzahl ins Verhältnis zu anderen zu setzen. Ein simples Beispiel: Wenn der Ausstoß von Treibhausgasen um 20 % gestiegen ist und die Produktion im gleichen Zeitraum um 50 %, dann sollte man den Akzent nicht auf die absoluten Werte setzen, sondern auf die relativen wie dem – gesunkenen – Treibhausgasausstoß pro Einheit.

# Notes

1. Ebd., Art. 19a. Bilanz-RL i. d. F. CSRD.
2. Genauer: Art. 19a Ziff. 2 (a) (iii).
3. Art. 19a Ziff. 2 (b).
4. Art. 19a Ziff. 2 (g): „[…] indicators relevant to the disclosures referred to in points (a) to (f)".
5. CSRD-Regulierungsbegründung Ziff. 27, S. 22.
6. ESRS C(2023) 5303 final, Ziff. 3, S. 5 ff., insbes. Ziff, 3,2/28., S. 6.
7. Art. 19a Ziff. 2, letzter Satz.
8. Anmerkung der Verfasser.
9. ESRS 1 = „Allgemeine Anforderungen", ESRS 2 = „Allgemeine Angaben".
10. ESRS C(2023) 5303 final.

# Literatur

Krahnen, J. P. (19. Juni 2023). Was die Finanzindustrie zur Klimawende beitragen kann. Mit der simplen Einteilung in „grüne" und „braune" Wertpapiere ist es nicht getan. Gastbeitrag von Jan Pieter Krahnen, emeritierter Professor für Kreditwirtschaft und Finanzierung an der Universität Frankfurt und Gründungsdirektor des Leibniz-Instituts für Finanzmarktforschung SAFE. Frankfurter Allgemeine Zeitung, S. 16.

*Ihlau, Susann; Zwenger, Katharina:* Erfüllung der Sorgfaltspflichten aus der Business Judgement Rule bei M&A-Transaktionen im Hinblick auf ESG-Pflichten, in: Betriebs-Berater 2023, S. 2215–2219.

*Müller, Stefan; Needham, Sean:* IDW-Standardentwürfe zur Prüfung der nichtfinanziellen (Konzern-)Erklärung und der gesonderten nichtfinanziellen Berichterstattung, in: Betriebs-Berater 2023, S. 619–623.

*von der Heide, Marten; Wagner, Jana; Volkmann, Daniel; Weber, Annika:* Status quo der Nachhaltigkeitsberichterstattung von großen nicht-kapitalmarktorientierten Unternehmen in Deutschland – Eine empirische Analyse von Tochter- und Einzelunternehmen, in: Der Konzern 2023, S. 244–251.

*Neumann, Michael; Forthmann, Jörg; Heintze, Roland (2023):* Im Schraubstock von Profit und Nachhaltigkeit. Warum Nachhaltigkeitsreputation für Unternehmen überlebenswichtig wird. Hamburg: IMWF.

*Balke, Michaela:* Zwischenbefund aus der Praxis zu den organisatorischen Herausforderungen der ESG-Richtlinien für Unternehmen, in: Die Aktiengesellschaft 2023, S. 732–741.

*von Keitz, Isabel; Grote, Rainer:* Wie gut ist der Mittelstand auf die künftige ESG-Berichterstattung vorbereitet? Eine Analyse anhand der bisherigen Berichterstattung von 40 der Top 500-Unternehmen, in: Der Betrieb, 2022, S. 2937–2943.

*Beiersdorf, Kati; Fink, Christian; Schmotz, Thomas:* (Konzern-)Nachhaltigkeitsbericht-erstattung von KMU gemäß CSRD-Regelungen und Regelungslücken in der neuen EU-Bilanzrichtlinie, in: Betriebsberater 2023, S. 2346–2350.

Krohn, Philipp (11. März 2023). Das große Rätselraten um die Nachhaltigkeit. Versicherer sucht nach Wegen für den Umgang mit der EU-Taxonomie. Frankfurter Allgemeine Zeitung, S. 31.

Krüger, A. (19. Jan. 2023). Besser als EU-Taxonomie. Die von Umweltverbänden ins Leben gerufene Beobachtungsstelle greenwashed informiert Investoren über die Nachhaltigkeit von Geldanlagen. die tageszeitung. S. 8.

Psotta, Michael (10. März 2023). „EU-Taxonomie war nur erster Schritt". Über soziale Nachhaltigkeit im Immobiliensektor, ihre Messbarkeit und ihre Kosten. Vier Fragen an: Isabella Chacón Troidl, BNP Paribas REIM Deutschland. Frankfurter Allgemeine Zeitung, S. 20.

*Trinkaus, Marc; Dey, Sebastian; Rölike, Nicole; Bhatti, Julia; Sahm, Ann-Marie:* Rechtsentwicklungen 2022: Rechtsentwicklungen im Kredit- und Kapitalmarktrecht 2022, in: Der Betrieb 2022, S. 45–51.

Psotta, Michael (17. März 2023). „Investoren sind wählerischer geworden". Über aktuelle Chancen und Risiken für Projektentwickler und die EU-Taxonomie. Vier Fragen an: Reinhard Walter, FOM Real Estate Gruppe. Frankfurter Allgemeine Zeitung, S. 22.

*Retzer; Daniel; Jasmund, Kim; Falge, Birte:* Implikationen von „ESG" auf die Verrechnungspreissetzung im Konzern, in: Der Betrieb 2023, S. 408–414.

*Müller, Stefan; Adler, Markus; Duscher, Irina:* Nachhaltigkeitsberichterstattung im Mittelstand: Verpflichtung, Ausgestaltungsanforderungen und Umsetzungsunterstützung, in: Der Betrieb 2023, S. 242–249.

Schmedders, K. (10. Juli 2023). Die Ära des Greenwashings endet. Ratingurteile über die Nachhaltigkeit von Unternehmen sind oft noch widersprüchlich. Doch dem ESG-Chaos lässt sich abhelfen. Frankfurter Allgemeine Zeitung, S. 16.

*Ruttloff, Marc; Wehlau, Andreas; Wagner, Eric; Skoupil, Christoph; Rothenburg, Vera:* Rechtliche Fallstricke für Unternehmen im Zusammenhang mit Greenwashing – Teil III, in: Betriebs-Berater 2023, S. 1283–1289.

# 6

# ESG-Kommunikation und Managerhaftung

> **These**
>
> *ESG-Kommunikation muss erklären, darf aber nicht erfinden. Sonst drohen Topmanagern und Aufsichtsräten Haftung und Strafverfahren. Eine europarechtliche haftungsbewehrte Pflicht für Topmanager, Nachhaltigkeit bei ihren Entscheidungen zu berücksichtigen, könnte Haftung und Kommunikation tiefgreifend verändern.*

## 6.1 Vorstände und Geschäftsführer

Wenn Topmanager ESG-Pflichten verletzen und ihr Unternehmen deswegen einen materiellen Schaden erleidet, können sie von ihrem Unternehmen dafür persönlich in Haftung genommen werden (Innenhaftung). Immaterielle Schäden wie ein Verlust an Reputation oder ein Absturz des Börsenkurses sind grundsätzlich nicht ersatzfähig (Fest, 2023, S. 721).[1] Manche Experten sehen jedoch eine „Ausstrahlung" der ESG-Berichtspflichten in das „Pflichtenprogramm der Organe". Weitergedacht ergibt sich eine Vorstandspflicht, Nachhaltigkeit sicherzustellen, weil davon die

M. Neumann, J. Forthmann, *ESG-Reporting in der Unternehmenskommunikation*, https://doi.org/10.1007/978-3-658-44204-0_6

Reputation eines Unternehmens abhängt und die Reputation wiederum Auswirkungen auf die Rentabilität hat (Bingel et al., 2023, S. 120 f.). Nach dieser Auffassung wächst das Risiko einer Innenhaftung für Reputationsschäden. Dazu kommt: Bei falscher Rechnungslegung drohen zusätzlich Geld- und Freiheitsstrafen.

„Vorstandsmitglieder, die ihre Pflichten verletzen, sind der Gesellschaft zum Ersatz des daraus entstehenden Schadens als Gesamtschuldner verpflichtet", heißt es in § 93 Aktiengesetz (AktG): Bei der Geschäftsführung haben sie „die Sorgfalt eines ordentlichen und gewissenhaften Geschäftsleiters anzuwenden". Eine Pflichtverletzung liegt nicht vor, wenn ein Topmanager bei einer unternehmerischen Entscheidung vernünftigerweise annehmen durfte, auf der Grundlage angemessener Information zum Wohle der Gesellschaft zu handeln (sogenannte „Business Judgement Rule"; Ihlau & Zwenger, 2023, S. 2215).

Für andere Kapitalgesellschaften gelten ähnliche Regeln: „Die Geschäftsführer haben in Angelegenheiten der Gesellschaft die Sorgfalt eines ordentlichen Geschäftsmannes anzuwenden." Wenn sie „ihre Obliegenheiten verletzen, haften [sie] der Gesellschaft solidarisch für den entstandenen Schaden" (§ 43 GmbH-Gesetz).

Übersetzt in den Berufsalltag heißt das: Topmanager müssen vor allem für Rentabilität sorgen und so den Bestand des Unternehmens sichern (Bingel et al., 2023, S. 119). Dabei haben sie nach „wohl überwiegender Ansicht" von Experten für Gesellschaftsrecht die Interessen aller Bezugsgruppen zu berücksichtigen und zum Ausgleich zu bringen (Fest, 2023, S. 717). Nachhaltigkeitsaspekte dürfen und sollen (Balke, 2023, S. 734)[2] sie berücksichtigen, müssen dies aber nicht (Hommelhoff, 2023, S. 743). Bei der Wahl der Mittel und Wege steht ihnen ein weites Ermessen zu.

Grenzen setzen ihnen die Legalitätspflicht und die Legalitätskontrollpflicht. Das heißt: Manager, vom Vorstand eines Dax-Konzerns bis zum Geschäftsführer einer kleinen GmbH (Mayer, 2023, S. 16),[3] müssen Recht und Gesetz einhalten, sie müssen Compliance sicherstellen, und sie müssen Berichtspflichten gegenüber der Öffentlichkeit erfüllen. Wenn also ESG-Pflichten gesetzlich vorgeschrieben sind, wie beim „Lieferkettensorgfaltspflichtengesetz" (LkSG), trägt das Topmanagement bei Versäumnissen ein Haftungsrisiko (Bingel et al., 2023, S. 118 f.; Ruttloff et al., 2023, S. 1219 f.). Ikea und Amazon müssen bereits mit entsprechenden Vorwürfen und Risiken umgehen (Kolf, 2023).

Nach dem LkSG muss ein Unternehmen – wie auch nach der CSRD – jährlich einen Bericht zu Compliance veröffentlichen. Darin muss es beschreiben, ob und wie es gesetzliche Pflichten und sonstige Vorgaben der Regulierung erfüllt. Zudem muss es eine Risikoanalyse mitliefern, aus der hervorgeht, wo Standards bei dem berichtenden Unternehmen oder seinen Zulieferern gefährdet sein könnten. Als Leitfaden dient ein offizieller Fragenkatalog.[4] Laut der Menschenrechtsbeauftragten des Autoherstellers VW, Kerstin Waltenberg, mussten viele Prozesse im Unternehmen an das LkSG angepasst werden, um Compliance sicherzustellen (Müßgens, 2023a, S. 28; Müßgens, 2023b, S. 22).

Ein europäisches Lieferkettengesetz zur Vereinheitlichung der Rechtslage wurde Mitte 2023 im EU-Parlament verhandelt. Wie streng Pflichten und Haftung für Unternehmen ausfallen sollen, dazu liegen die Positionen der Parteien noch weit auseinander. Stichworte zum Streit sind Anwendungsbereich (ab welcher Unternehmensgröße; nur Wertschöpfungskette oder auch Verkauf, Transport, Entsorgung; generell für hochriskante Bereiche?) und Beweislastumkehr zugunsten der Geschädigten (Dohmen, 2023, S. 18; Van Rinsum, 2023, S. 9).

Die Zahl solch konkreter ESG-Handlungspflichten wird wachsen, im deutschen und noch mehr im europäischen Recht. Nach der CSRD und demnächst auch nach dem Gesetz, das die Richtlinie in deutsches Recht überträgt, muss der Vorstand den Bilanzeid auch für die Nachhaltigkeitserklärung im Lagebericht leisten. Das spricht dafür, dass die Pflichten nach der CSRD haftungsrelevant werden können, insbesondere zusammen mit weiteren gesetzlichen Ausgestaltungen wie den ESRS (Bingel et al., 2023, S. 120 f./124).

Wenn die Regulierungsdichte steigt, wachsen auch nach praktischer Erfahrung die Haftungsrisiken für Manager. Eine gemeinsame Studie von den Beratungsunternehmen Boston Consulting Group und GCE, München, sowie des Gesamtverbands der Versicherungswirtschaft bestätigen einen Zusammenhang. Seit 2017 klettern die Schadenssummen. Damit erhöht sich auch das finanzielle Risiko für das private Vermögen von Managern, wenn sie von ihrem Unternehmen in Regress genommen werden (Jung, 2023, S. 22; FAZ, 2023a, S. 31).

Hinzu kommen strafrechtliche Risiken: Falsche Angaben im Jahres-abschluss, einschließlich der nichtfinanziellen (ESG-)Erklärung im Lage-bericht, sind im Extremfall mit Gefängnis bedroht. Wer als Mitglied der Geschäftsleitung oder des Aufsichtsrats einer Kapitalgesellschaft die „Ver-hältnisse" der Gesellschaft „unrichtig wiedergibt oder verschleiert", kann mit Freiheitsstrafe bis zu drei Jahren oder mit Geldstrafe bestraft werden (§ 331 HGB). Außerdem können Geldbußen wegen mangelnder Voll-ständigkeit und Richtigkeit des Abschlusses verhängt werden (§ 334 HGB). Auch taktisches Schweigen ist ein Risiko (Ruttloff et al., 2023, S. 1156 f.).

Eine weitere Vorstandspflicht mit Bezug zu ESG kann sich aus der all-gemeinen Aufgabe ergeben, für Rentabilität des Unternehmens zu sorgen und seinen Bestand zu sichern. Wenn eine Mehrheit von Studien besagt, dass ESG regelmäßig den Unternehmenswert und die Rentabilität für In-vestoren steigert und zusätzlich die Gefahr von Verlusten durch absehbare Fehlinvestitionen („stranded assets") und Krisen entschärft (For-thmann & Gross, 2023), dann ergibt sich aus diesem Zusammenhang zumindest eine Pflicht für den Vorstand zu prüfen, ob und warum sein Unternehmen sich ausnahmsweise Nachlässigkeit leisten kann (Lieder & Döhrn, 2023, S. 731). Besonders hoch dürfte das Haftungsrisiko bei ab-sehbaren Fehlinvestitionen sein, weil sie vergleichsweise gut dokumen-tiert und damit leicht nachweisbar sind und außerdem zu materiellen Schäden führen können.

Zudem leidet die Reputation eines Unternehmens, wenn es kein ESG-Engagement vorweisen kann. Ansehen und Ruf können viele günstige Wirkungen haben, etwa auf:

• Kundenbindung und -gewinnung,
• Mitarbeitermotivation, -bindung und -gewinnung,
• die Beziehungen zu strategischen (privaten und öffentlichen) Partnern und
• die Profitabilität und den Unternehmenswert – nicht zu vergessen ihre Funktion als Fallschirm gegen einen harten Sturz in einer Krise.

Sollte ESG-Nachlässigkeit einen Reputationsschaden verursacht haben, der die Rentabilität des Unternehmens verschlechtert hat, ist ein

Haftungsrisiko zumindest nicht auszuschließen (Bingel et al., 2023, S. 119 ff./120 f.; Lieder & Döhrn, 2023, S. 728/731). In der Praxis scheitern solche Ansprüche jedoch oft daran, dass Kausalität, Höhe und zeitliche Dauer des Schadens nicht genau genug abgrenzbar sind.

Da ein Topmanager sich laut Gesetz „angemessen" informiert haben muss, bevor er entscheidet, sollte er bei Verzicht auf ESG, Nachlässigkeit oder hohlen Worten mindestens die oben genannten Themen abgewogen und die Gründe für etwaige Entscheidungen dokumentiert haben. Sonst riskiert er, falls das Unternehmen deswegen einen Schaden erleidet, Regressansprüche seines Arbeitgebers gegen sein privates Vermögen. Vorstände einer Aktiengesellschaft müssen außerdem damit rechnen, in der Hauptversammlung öffentlich kritisiert und nicht entlastet zu werden. Das ist nicht nur ein Reputationsrisiko für das Unternehmen, sondern auch für einen Manager persönlich (Janisch, 2023, S. 24). Schließlich kann die Bestellung als Vorstand widerrufen werden; der Manager kann entlassen werden (§§ 93 II, 119 I, 120, 84 AktG).

## 6.2 Aufsichtsräte

Die Business Judgement Rule gilt auch für die Mitglieder des Aufsichtsrats (§ 116 AktG). Zentrale Pflicht des „Kontrollgremiums" ist die Überwachung der Geschäftsführung – und damit des Vorstands (§ 111 AktG). Dazu gehört auch, den „gesonderten nichtfinanziellen Bericht" zu prüfen, die künftige Nachhaltigkeitserklärung (§ 117 I 4 AktG). Gefordert ist nach altem Recht nur eine Plausibilitätskontrolle, so die herrschende Meinung unter Gesellschaftsrechtlern, im Gegensatz zu einer Kontrolle auf Rechtmäßigkeit (Bingel et al., 2023, S. 121). Die CSRD erhöht jedoch die Anforderungen an die Tiefe der Prüfung und die Fachkunde der Aufsichtsratsmitglieder (Bingel et al., 2023, S. 123 f.; Lieder & Döhrn, 2023, S. 727).

„Die Arbeit der Aufsichtsräte ist unverkennbar im Umbruch", kommentiert Daniela Favoccia, eine Partnerin der Anwaltskanzlei Hengeler Müller, die Entwicklung der Regulierung (FAZ, 2023b, S. 23). Das spüren die Unternehmenskontrolleure auch in ihrer praktischen Arbeit, wie eine Studie der Kanzlei zusammen mit dem Arbeitskreis Deutscher Aufsichtsrat (AdAR) ergeben hat („Aufsichtsratsstudie 2023"). Die Bedeutung von Nachhaltigkeitskompetenz für die Aufsichtsräte habe im vergangenen Jahr zugenommen (FAZ, 2023b, S. 23).

Perspektivisch kann man sagen: Je spezifischer die Pflichten zu ESG werden, desto größer werden die Haftungsrisiken von Vorständen, Aufsichtsräten und Geschäftsführern – auch durch fehlerhafte Kommunikation.

## 6.3 Verschärfung der ESG-Managerhaftung: die Due-Diligence-Richtlinie

Eine „wahrlich revolutionäre" Verschärfung der Managerhaftung droht, wenn man dem Kieler Gesellschaftsrechtler Timo Fest folgt, durch die geplante Corporate Sustainability Due Diligence Directive (CSDDD oder CS3D) (Fest, 2023, S. 714 f./715; Balke, 2023, S. 734/53 ff.).[5] Nach Art. 25 I der verschiedenen Entwürfe sollen die EU-Staaten sicherstellen, dass „die Mitglieder der Unternehmensleitung nach Artikel 2 Absatz 1 [Vorstände und Aufsichtsräte (Fest, 2023, S. 716)[6]] bei Ausübung ihrer Pflicht, im besten Interesse des Unternehmens zu handeln, die kurz-, mittel- und langfristigen Folgen ihrer Entscheidungen für Nachhaltigkeitsaspekte berücksichtigen, gegebenenfalls auch die Folgen für Menschenrechte, Klimawandel und Umwelt".

Die Vorschrift verlange vom deutschen Gesetzgeber, so Fests These, bei der Umsetzung der Richtlinie in nationales Recht eine „haftungsbewehrte Rechtspflicht zur systematischen Berücksichtigung von Nachhaltigkeitsaspekten" festzuschreiben. Dazu müssten Normen des Aktienrechts wie folgt ergänzt werden:

§ 76 I AktG: Der Vorstand hat die Gesellschaft unter eigener Verantwortung „und Berücksichtigung der kurz-, mittel- und langfristigen Folgen seiner Entscheidungen für Nachhaltigkeitsaspekte zu leiten".

§ 93 I 1, 2 AktG: „Die Vorstandsmitglieder haben bei ihrer Geschäftsführung die Sorgfalt eines ordentlichen und gewissenhaften Geschäftsleiters anzuwenden und dabei insbesondere die kurz-, mittel- und langfristigen Folgen ihrer Entscheidungen für Nachhaltigkeitsaspekte zu berücksichtigen. Eine Pflichtverletzung liegt nicht vor, wenn das Vorstandmitglied bei einer unternehmerischen Entscheidung die kurz-, mittel- und langfristigen Folgen für Nachhaltigkeitsaspekte berücksichtigt hat und vernünftigerweise annehmen durfte, auf Grundlage angemessener Informationen zu handeln."

Entsprechende Erweiterungen müssten folgerichtig auch für Aufsichtsräte und Geschäftsführer gelten (Fest, 2023, S. 719; Hommelhoff, 2023, S. 743).

Nach dieser Interpretation der CSDDD wird Nachhaltigkeit als Unternehmensziel auf eine Stufe gestellt mit Rentabilität und Erhalt der Gesellschaft (Lieder & Döhrn, 2023, S. 725; Balke, 2023). Andere Gesellschaftsrechtsexperten messen der Norm dagegen keine „ergebnisbezogene" Funktion bei, sondern nur eine schwächere „prozedurale" (Balke, 2023, S. 740). Aber auch in diesem Fall werden Nachhaltigkeitsaspekte als Maßstab für Entscheidungen von Topmanagern und Unternehmenskontrolleuren aufgewertet (Balke, 2023, S. 741).

Falls die CSDDD mit Artikel 25 verabschiedet wird, wird sie mit der Haftung auch die Kommunikation von Unternehmen, Managern und Aufsichtsräten verändern, und zwar sowohl die Kommunikation des Unternehmens als juristische Person (Institution) als auch die Kommunikation der natürlichen Personen. Nachhaltigkeit wird, noch mehr als bisher schon, ein dominierender Bestandteil der Profile und des „Werts" von Institution und Person.

## 6.4  Praxisfall DWS: ein „Gamechanger" bei Greenwashing

Wie schwerwiegend die Folgen bereits nach geltendem Recht sein können, wenn ein Unternehmen ESG-Engagement vortäuscht, zeigt der Fall der Kapitalanlagegesellschaft DWS. Die Fondstochter der Deutschen Bank stellte die Nachhaltigkeit ihrer Produkte zu rosig da. Ob man bei DWS nur leichtfertig beschönigte oder mit betrügerischer Absicht log, ist in der juristischen Aufarbeitung noch nicht endgültig geklärt. Insgesamt ermittelten oder ermitteln noch sechs Behörden: die deutsche Finanzaufsicht BaFin, das Bundeskriminalamt und die Staatsanwaltschaft Frank-furt/Main, zudem in den USA die Bundespolizei FBI, die Börsenaufsicht SEC („Securities and Exchange Commission") und das Justizministerium (Iwersen et al., 2022, S. 25.; Neumann et al., 2023, S. 22 f.; Spiegel, 2023, S. 60; Bartz, 2023, S. 70).

Greenwashing ist im Finanzsektor besonders riskant. Zum Schutz von Anlegern gelten strenge Regeln, und zwar sowohl für die Unternehmen als auch für deren (Finanz-)Produkte. Die europäische Sustainable Finance Disclosure Regulation (SFDR) (Ruttloff et al., 2023, S. 1157 f./1158)[7] etwa verpflichtet Finanzinstitutionen dazu, detaillierte Berichte über ihren ESG-Status abzuliefern. Die Kommunikation des Unternehmens darf dazu ausdrücklich nicht in Widerspruch stehen (Art. 13 SFRD). Faktisch zwingt das Finanzdienstleister dazu, „die ge-samte Unternehmenskommunikation in Bezug auf ESG zu überwachen" (Ruttloff et al., 2023, S. 1160).

Die erste Entscheidung kommt Ende September 2023 von der SEC: Aufgrund einer Verständigung zwischen Fondsgesellschaft und Aufsichts-behörde zahlt die DWS 19 Mio. Dollar Strafe wegen „wesentlich irre-führender Aussagen über (ihre) Kontrollen zur Einbeziehung von ESG-Faktoren in die Forschung und Anlageempfehlungen für ESG-integrierte Produkte, einschließlich bestimmter aktiv verwalteter Invest-mentfonds und separat verwalteter Konten" (Focus Money, 2023, S. 11; Mußler, 2023a, S. 27).

Die DWS habe damit geworben, Nachhaltigkeit sei Teil ihrer DNA. Das sei aber nicht der Fall gewesen, so die SEC. Die Fondsmanager hätten den von der DWS angepriesenen ESG-Anlageprozess in der Praxis nicht befolgt (Mußler, 2023a, S. 27; Krohn, 2023, S. 23; Schreiber, 2023a, S. 15; Tönnesmann, 2023, S. 25). Der stellvertretende Leiter der Nachhaltigkeits-Task-Force der SEC, Sanjay Wadhwa, bringt es auf den Punkt: „Anlageberater müssen sicherstellen, dass ihre Handlungen ihren Worten entsprechen" (Tönnesmann, 2023, S. 25; Krohn, 2023, S. 23).

Die Einigung ist teuer im Vergleich zu anderen Verfahren vor der SEC. Die US-Bank Goldman Sachs zahlte wegen Greenwashings Ende 2022 nur rund ein Fünftel (Krohn, 2023, S. 23; Schreiber, 2023a, S. 15). Dafür wird die DWS von schwerwiegenden, mit höheren Strafen be-drohten Vorwürfen entlastet. Wie die Fondsgesellschaft erklärt, haben die Ermittler „in ihrer ESG-Anordnung keinerlei falsche Angaben in Bezug auf unsere Finanzveröffentlichungen oder die Offenlegungen in unseren Fondsprospekten festgestellt". Es habe „keine betrügerische Absicht" gegeben (Mußler, 2023a, S. 27; Krohn, 2023, S. 23; Schreiber, 2023a, S. 15; Tönnesmann, 2023, S. 25; Focus Money, 2023, S. 11). Auch laut einer internen Untersuchung der DWS sind die ESG-Passagen in den Jahresabschlüssen 2020 und 2021 korrekt (Kanning, 2022, S. 18),

Andere Ermittler und Richter in anderen Verfahren sind an diese Feststellungen jedoch nicht gebunden. Die Staatsanwaltschaft Frankfurt (Main) ließ im Mai 2022 die Zentralen von DWS und Deutscher Bank durchsuchen. Der strafrechtliche Verdacht lautete auf „Prospektbetrug", das bedeutet: Täuschung von Kapitalanlegern durch falsche Angaben im Wertpapierprospekt (Kapitalanlagebetrug, § 264a Strafgesetzbuch). Einer der Beschuldigten ist der damalige Vorstandchef Asoka Wöhrmann (Schreiber, 2023b, S. 22). Kurz nach Bekanntwerden der Greenwashing-Vorwürfe trat er zurück. Stand Ende September 2023, dauern die Ermittlungen an. Eine Einigung auf eine Geldbuße, wie von der DWS und Wöhrmann erhofft, ist nicht absehbar (Schreiber, 2023a, S. 15).

„Zur Geldstrafe der SEC kommen weitere Kosten hinzu. Wegen der vielen verschiedenen Verfahren summieren sich die Anwaltshonorare bis Mai 2023 auf 39 Mrd. €. Das musste die DWS vor ihren Aktionären und Finanzmedien auf der Hauptversammlung eingestehen. Die Rückstellungen für alle Verfahrenskosten hatten nur 28 Mrd. € betragen (Mußler, 2023a, S. 27; Krohn, 2023, S. 23). An der Börse verlor die DWS im Zuge des Greenwashing-Skandals rund eine Milliarde Euro an Wert (Schreiber, 2023a, S. 15)."

*(Anm für Grafik.: Evtl. Kurs-Chart einfügen oder andere passende Grafik, evtl. Grafik mit DWS-Konkurrenten zum Vergleich).*

„Auch wenn sich der Kurs erholt, wird ein Reputationsschaden aus dieser Zeit bleiben. Die Wochenzeitung „Die Zeit" stellt fest: „… der Ruf [der DWS⁸] hat enorm gelitten" (Mußler, 2023b, S. 25). Wer es genauer wissen will, sollte unter anderem die Mittelzu- und -abflüsse aus den Fonds unter die Lupe nehmen. Ein Indiz für die Kausalität des Greenwashing-Skandals wäre es, wenn die Konkurrenz schneller gewachsen oder weniger schnell geschrumpft wäre (Neumann et al., 2019, S. 10 ff.). Laut der Bilanz für 2022 wanderten fast 20 Mrd. € an Einlagen von der DWS ab. Erst im darauffolgenden Jahr verbuchte sie wieder Mittelzuflüsse (FAZ, 2023, S. 23). Auch Unterlassungsklagen, die der DWS Werbung mit ESG untersagten, könnten das Neugeschäft gebremst haben.[9]

Hinzu kommt Aufwand für Strukturreformen. Eine frühe Reaktion der DWS auf die Ermittlungen und Klagen war die Zuständigkeit für Nachhaltigkeit, sprich: ESG, neu zu regeln. Das Thema wurde im Finanzressort angesiedelt. Dort richtete das Unternehmen auch eine neue, spezielle Prüfinstanz ein (Rezmer, 2022). ESG hat damit allerdings nur organisatorisch den Stellenwert erhalten, der dem Thema angemessen ist. Die Strukturreform wäre wahrscheinlich ohnehin fällig gewesen. Wer sich einen Überblick verschaffen möchte, welche Schlussfolgerungen die DWS insgesamt aus dem Skandal gezogen hat, dem sei ein Interview mit Wöhrmanns Nachfolger Stefan Hoops empfohlen (Schönauer, 2023, S. 23)."

Noch offen ist, inwieweit die Kapitalanlagegesellschaft gegenüber ihren Kunden haftet. Laut Rechtsanwälten, die sich auf Anlegerklagen spezialisiert haben, kann der Käufer eines der „grüngewaschenen" Fonds „die vollständige Investmentsumme sowie bereits gezahlte Gebühren von DWS zurückfordern" (Mußler, 2023b, S. 27). Ob ein Anspruch auf Schadensersatz besteht, hängt davon ab, ob im Einzelfall ein Schaden nachweisbar ist. Für Prospekthaftungsansprüche wird das Ergebnis des Strafverfahrens eine leitende Funktion haben.

„Ein Lehrstück auch für Personalmanager ist die Geschichte, wie es zu dem Skandal kam. Die ehemalige DWS-Nachhaltigkeitschefin Desiree Fixler warnte Anfang 2021 ihre Vorgesetzten vor Greenwashing im eigenen Haus. Statt der Kritik nachzugehen, ließ die DWS Fixlers Arbeitsvertrag im März 2021 auslaufen und lancierte ein Memo an die Medien, wonach es der Nachhaltigkeitsexpertin an „Zugkraft" gefehlt habe (Schreiber, 2023a, S. 15; Tönnesmann, 2023, S. 25). Daraufhin wechselte Fixler im Sommer in die Rolle der externen Whistleblowerin: Sie wandte sich an das „Wall Street Journal" und zeigte ihren ehemaligen Arbeitgeber an, und zwar bei der US-Börsenaufsicht SEC und der US-Bundespolizei FBI."

Fixler, die nunmehr von London aus Unternehmen, Behörden und NGOs zu ESG berät, bezeichnet den Fall DWS als „Gamechanger". Investoren, Aufseher und Medien schauten jetzt „viel genauer" hin (Bartz, 2023, S. 71; Nienhaus & Schreiber, 2023, S. 14). Wegen der Bedeutung von ESG für die Unternehmensfinanzierung und den Unternehmenswert war allerdings schon vor dem Fall DWS absehbar, dass „ESG-Washing" schwerwiegendere Folgen nach sich ziehen würde als herkömmliches Greenwashing (Neumann et al., 2021, S. 90 f.).

Für Kommunikatoren bedeutet das: Sie müssen sicherstellen, dass man Mitarbeitern ernsthaft zuhört, wenn sie vor „ESG-Washing" warnen. Und bei ihrer Arbeit müssen sie unbedingt auf dem Boden der Tatsachen bleiben. ESG-Fakten, -Zusammenhänge und -Wirkungen erklären und in bildhafte Narrative übersetzen – ja bitte, unbedingt! Aber ESG-Leistungen erfinden oder mit Falschaussagen beschönigen – nein, auf keinen Fall!

# Notes

1. Fest, AG 2023, S. 721, Rn, 26 m. w. Nachw. in Fn. 86 f.
2. Vgl. Grundsatz 6, Deutscher Corporate Governance Kodex 2022: „Der Vorstand soll die mit den Sozial- und Umweltfaktoren verbundenen Risiken und Chancen für das Unternehmen sowie die ökologischen und sozialen Auswirkungen der Unternehmenstätigkeit systematisch identifizieren und bewerten. In der Unternehmensstrategie sollen neben den langfristigen wirtschaftlichen Zielen auch ökologische und soziale Ziele angemessen berücksichtigt werden. Die Unternehmensplanung soll entsprechende finanzielle und nachhaltigkeitsbezogene Ziele umfassen.".
3. Vgl. das „Tankkarten-Urteil" des Oberlandesgerichts Nürnberg vom 30. März 2022 (Az. 12 U 1520/19) und das „Neubürger-Urteil" des Landgerichts München I vom 13. Dezember 2013 (Az. 5HK O 1387/10).
4. BAFA FAQ, Fragen und Antworten zum Lieferkettengesetz, www.bafa. de/DE/Lieferketten/Ueberblick/ueberblick_node.html.
5. CSDDD-Entwürfe: Entwurf vom 23. Febr. 2022, angenommen vom Europäischen Parlament in erster Lesung am 31. Mai 2023 mit Änderungen. Vorschlag für eine Richtlinie des Europäischen Parlaments und des Rates über die Sorgfaltspflichten von Unternehmen im Hinblick

auf die Nachhaltigkeit und zur Änderung der Richtlinie 2019/1937/
EU vom 23. Febr. 2022, COM (2022) 71 final; Vorschlag für eine
Richtlinie des Europäischen Parlaments und des Rates über die Sorgfaltspflichten von Unternehmen im Hinblick auf die Nachhaltigkeit
und zur Änderung der Richtlinie (EU) 2019/1937 – Allgemeine Aus-
richtung, ST-15024; Abänderungen des Europäischen Parlaments vom
1. Juni 2023 zu dem Vorschlag für eine Richtlinie des Europäischen
Parlaments und des Rates über die Sorgfaltspflichten von Unternehmen
im Hinblick auf die Nachhaltigkeit und zur Änderung der Richtlinie
(EU) 2019/1937, P9_TA (2023) 0209.

6. Anmerkung der Verfasser.

7. Verordnung (EU) 2019/2088 vom 27. Nov. 2019 (EU-Verordnung über
nachhaltigkeitsbezogene Offenlegungspflichten im Finanzdienstleistungssektor), ergänzt durch die Verordnung über die Einrichtung eines Rah-
mens zur Erleichterung nachhaltiger Investitionen (Taxonomie-VO).

8. Anmerkung der Verfasser.

9. Vgl. die Unterlassungsklage der Verbraucherzentrale Baden-Württemberg,
erhoben 26. September 2022 beim Landgericht Frankfurt (Az.: 3-10 O
83/22). Die Verbraucherschützer beantragten, die Justiz solle der DWS
untersagen, künftig mit überzogenen Nachhaltigkeitsversprechen für ihre
Kapitalanlagen zu werben.

# Literatur

*Fest, Timo:* „Nachhaltige Unternehmensführung – Die Perspektive des Vorstands unter besonderer Berücksichtigung von Art. 25 CSDDD-E, in: Die
Aktiengesellschaft 2023, S. 713–721.

*Bingel, Adrian; Rothenburg, Vera; Schumann, Julia:* Nachhaltigkeitsberichterstattung nach CSRD – Auswirkungen auf die Organpflichten, in: Der Betrieb 2023, S. 118–125.

*Ihlau, Susann; Zwenger, Katharina:* Erfüllung der Sorgfaltspflichten aus der Business Judgement Rule bei M&A-Transaktionen im Hinblick auf ESG-
Pflichten, in: Betriebs-Berater 2023, S. 2215–2219.

*Balke, Michaela:* Zwischenbefund aus der Praxis zu den organisatorischen
Herausforderungen der ESG-Richtlinien für Unternehmen, in: Die Aktiengesellschaft 2023, S. 732–741.

*Hommelhoff, Peter*: Herausforderungen aus den EU-Nachhaltigkeitsrichtlinien, in: Die Aktiengesellschaft 2023, S. 742–744.

Mayer, E. (9. Aug. 2023). Compliance lässt sich nicht wegversichern. D&O-Policen helfen Haftungsrisiken zu reduzieren. Aber ein wirksamer Schutzschirm lässt sich nur durch umfassende Vorsorge erreichen. Frankfurter Allgemeine Zeitung, S. 16.

*Ruttloff, Marc, Kappler, Lisa; Schuler, Florian:* Rechtliche Fallstricke für Unternehmen im Zusammenhang mit Greenwashing – Teil II, in: Betriebs-Berater 2023, S. 1219–1224.

Kolf, F. (2. Mai 2023). Ikea und Amazon drohen Millionenstrafen. Erste Beschwerden auf Basis des deutschen Lieferkettengesetzes schrecken die Wirtschaft auf. Mit einem neuen EU-Gesetz könnten Verstöße bald noch teurer werden. Handelsblatt. https://www.handelsblatt.com/unternehmen/handel-konsumgueter/lieferkettengesetz-ikea-und-amazon-drohen-millionenstrafen/v_detail, abgerufen am 2. Mai 2023.

BAFA. FAQ, Fragen und Antworten zum Lieferkettengesetz. www.bafa.de/DE/Lieferketten/Ueberblick/ueberblick_node.html, abgerufen am 21. Februar 2024

Müßgens, C. (15. Juli 2023a). VW will Risiken für Menschenrechte schneller anerkennen. Der Abbau von Batterierohstoffen birgt viele Gefahren/Seit diesem Jahr sorgt das Lieferkettengesetz für zusätzlichen Druck. Frankfurter Allgemeine Zeitung, S. 28.

Müßgens, C. (3. Aug. 2023b). Volkswagen und die Menschenrechte. Als Sonderbeauftragte von Europas größtem Autohersteller steht Kerstin Waltenberg vor gewaltigen Aufgaben. Das Lieferkettengesetz setzt die Wirtschaft unter Zugzwang. Auch andere Länder erhöhen den Druck. Frankfurter Allgemeine Zeitung, S. 22.

Dohmen, C. (30.Mai 2023). Auf der Kippe. Im EU-Parlament gibt es heftigen Streit über die Regeln für saubere Lieferketten. Vom ehrgeizigen Plan ist wenig geblieben – und es könnte noch schlimmer kommen. Süddeutsche Zeitung, S. 18.

van Rinsum, L. (26. Okt. 2023). Im neunten Anlauf ohne Pflichten für Firmen. Wieder einmal verhandelt die Weltgemeinschaft über ein Abkommen zur Wirtschaft und Menschenrechten. Im aktuellen Entwurf sind nun auch noch Klima- und Umweltauflagen gestrichen worden. die tageszeitung, S. 9.

Jung, M. (26. Juni 2023). Für Manager wird es riskanter. Die Regresse steigen. Manager, die in ihrem Unternehmen nicht auf Compliance achten, müssen dringend in ihren Versicherungsschutz investieren. Frankfurter Allgemeine Zeitung, S. 22.

*Ruttloff, Marc; Bingel, Adrian; Bühler, Timo:* Rechtliche Fallstricke für Unternehmen im Zusammenhang mit Greenwashing – Teil I, in: Betriebs-Berater 2023, S. 1155–1160.

*Forthmann, Jörg; Gross, Marie Sophie (2023):* Reputation of Listed Companies Worldwide. An Analysis of the 6 Most Important Stock Indices. Hamburg: IMWF.

*Lieder, Jan; Döhrn, Lennard:* Auswirkungen der ESG-Richtlinien auf die Tätigkeit des Aufsichtsrats, in: Die Aktiengesellschaft 2023, S. 727–731.

*Bingel, Adrian; Rothenburg, Vera; Schumann, Julia:* Nachhaltigkeitsberichterstattung nach CSRD – Auswirkungen auf die Organpflichten, in: Der Betrieb 2023, S. 118–125.

Janisch, W. (11./12. Feb. 2023). Können Aktionäre Klimaschutz einklagen? Weil Unternehmen nachhaltiger werden müssen, steigen die Chancen aktivistischer Kläger. Süddeutsche Zeitung, S. 24.

*Balke, Michaela:* Zwischenbefund aus der Praxis zu den organisatorischen Herausforderungen der ESG-Richtlinien für Unternehmen, in: Die Aktiengesellschaft 2023, S. 732–741.

*Lieder, Jan; Döhrn, Lennard:* Auswirkungen der ESG-Richtlinien auf die Tätigkeit des Aufsichtsrats, in: Die Aktiengesellschaft 2023, S. 727–731.

Iwersen, S., Votsmeier, V., Murphy, M., Narat, I., Bender, René, Verfürden, M., Nagel, L.-M. (30. Nov. 2022). Trotz grünem Siegel. Milliarden fließen in fossile Energien. Tagesspiegel, S. 24–25.

*Neumann, Michael; Forthmann, Jörg; Heintze, Roland (2023):* Im Schraubstock von Profit und Nachhaltigkeit. Warum Nachhaltigkeitsreputation für Unternehmen überlebenswichtig wird. Hamburg: IMWF.

Bartz, T. (13. Mai 2023). „Da geht's mir wie Monica Lewinsky." Greenwashing: Die DWS-Whistleblowerin Desiree Fixler über die Verlogenheit der Finanzbranche beim Thema Nachhaltigkeit und den unwürdigen Umgang deutscher Firmen mit internen Hinweisgebern. Der Spiegel, S. 70–71.

Mußler, H. (26. Sept. 2023a). DWS zahlt für Greenwashing. Frankfurter Allgemeine Zeitung, S. 27.

Krohn, P. (27. Sept. 2023). Von wegen nachhaltig. Millionenstrafe für DWS hat Auswirkungen auf die gesamte Fondsbranche. Frankfurter Allgemeine Zeitung, S. 23.

Schreiber, M. (26. Sept. 2023a). SEC bestraft Deutsche-Bank-Tochter. Die US-Börsenaufsicht hat bei der DWS wohl Anhaltspunkte für Greenwashing gefunden. Süddeutsche Zeitung, S. 15.

Tönnesmann, J. (28. Sept. 2023). Kommentar: Zu grün gefreut. Die DWS muss 19 Millionen Dollar Strafe zahlen, weil sie sich nachhaltiger gab, als sie tatsächlich war. Das Signal: Greenwashing lohnt sich nicht. Die Zeit, S. 25.

Kanning, T. (8. Dez. 2022). DWS zeigt Reue über Grünfärberei. Die Greenwashing-Vorwürfe haben die Fondsgesellschaft der Deutschen Bank durchgeschüttelt. Der neue Chef setzt ihr nun neue Ziele – und begeistert die Börse. Frankfurter Allgemeine Zeitung, S. 18.

Schreiber, M. (8./9. Juli 2023b). Grüner als grün. Ex-DWS-Chef Asoka Wöhrmann rückt im Greenwashing-Skandal in den Fokus der Ermittler. Süddeutsche Zeitung, S. 22.

*Neumann, Michael; Forthmann, Jörg; Heintze, Roland (2019):* Krisenkommunikation auf dem Seziertisch. Wie Manager Reputation und Unternehmenswert unter Druck verteidigen. Hamburg: IMWF.

Rezmer, A. (24. Okt. 2022). Greenwashing-Vorwürfe: Verbraucherzentrale Baden-Württemberg verklagt die DWS. Handelsblatt. https://www.handelsblatt.com/finanzen/banken-versicherungen/banken/deutsche-bank-tochter-greenwashing-vorwuerfeverbraucherzentrale-baden-wuerttemberg-verklagt-die-dws/28764336.html…, abgerufen am 25. Oktober 2022.

Schönauer, I. (24. Okt. 2023). „Es geht nicht um Weltanschauung." DWS-Chef Stefan Hoops über die Strafe für Greenwashing, den Druck der Investoren zu mehr Nachhaltigkeit und Wetten mit Mitarbeitern. Frankfurter Allgemeine Zeitung, S. 23.

Mußler, H. (28. Sept. 2023b). DWS drohen von Anlegern Klagen. Erste Anwälte bringen sich in Stellung/Aber die Aussichten wirken vage. Frankfurter Allgemeine Zeitung, S. 27.

Nienhaus, L. & Schreiber, M. (30. Juni 2023). „Ich hatte ein Bauchgefühl, dass etwas nicht stimmt." Die frühere Nachhaltigkeitschefin der Deutsche-Bank-Tochter DWS, Desirée Fixler, über ihre plötzliche Kündigung, ihre Greenwashing-Vorwürfe gegen die Fondsgesellschaft und die Ansichten von Blackrock-Chef Larry Fink. Süddeutsche Zeitung, S. 14.

*Neumann, Michael; Forthmann, Jörg; Heintze, Roland (2021):* Weckruf für Kommunikatoren und ihre Chefs. Wie Topmanager den gefährlichen Zwiespalt zwischen gesellschaftlicher Verantwortung und Kommerz überwinden. Hamburg: IMWF.

# 7

# ESG-Kommunikation und das 1,5-Grad-Limit

**These**

*Eine gesetzliche Vorschrift, die von Gesetzgebern und der Weltgemein-schaft nicht eingehalten wird, sollte nicht mit Zwang und Strafe durch-gesetzt werden. Dieses Argument kann zur Verteidigung dienen, wenn das individuelle Ziel nicht erreichbar ist.*

Nach der CSRD müssen Unternehmen in ihrem Lagebericht erklären, was sie leisten, um die Obergrenze von 1,5-Grad Erwärmung einzuhalten und das Ziel der Klimaneutralität im Jahr 2050 zu erreichen.[1] Dazu ge-hört ein Treibhausgas-Ausstiegsplan mit quantitativen Meilensteinen mindestens für die Jahre 2030 und 2050.[2]

Die 1,5-Grad-Obergrenze galt schon auf der 27. Konferenz der Par-teien des Pariser Klimaschutzabkommens (COP27[3]) als nicht mehr halt-bar. Das Treffen fand rund ein Vierteljahr nach Veröffentlichung des ge-änderten und letztlich verabschiedeten CSRD-Entwurfs statt, im No-vember 2022 in Ägypten. Damals hatte sich die Erdatmosphäre bereits um rund 1,2 Grad erwärmt. Die Investitionen in erneuerbare Energien waren viel zu niedrig, um den Ausstoß von Treibhausgasen in dem Aus-

© Der/die Autor(en), exklusiv lizenziert an Springer Fachmedien Wiesbaden GmbH, ein Teil von Springer Nature 2024
M. Neumann, J. Forthmann, *ESG-Reporting in der Unternehmenskommunikation*,
https://doi.org/10.1007/978-3-658-44204-0_7

maß zu senken, der für das Einhalten des Limits nötig gewesen wäre (Economist, 2022, S. 13). Laut den Vereinten Nationen steuerte die Erde, Stand November 2022, auf eine Erwärmung um 2,5 Grad zu (n-tv, 2022; Ehlerding, 2022a, S. 40).

Teilnehmer und Beobachter der COP27 in Scharm el-Scheich erwarteten keinen der Durchbrüche, die nötig gewesen wären, um das 1,5-Grad-Ziel doch noch einzuhalten, so der Eindruck der „FAZ" (Geinitz, 2022, S. 17). Der Nachrichtensender n-tv berichtete immerhin von einem Appell, zu dem sich rund 200 Konzerne, NGOs und Prominente zusammengefunden hatten. „1,5 Grad ist ein Limit, kein Ziel", erinnerten sie die Weltgemeinschaft. Die Obergrenze für die Erderwärmung müsse eingehalten werden, „um das Überschreiten gefährlicher Kipppunkte mit unumkehrbaren Konsequenzen zu vermeiden und die katastrophalsten Folgen des Klimawandels abzuwenden". Zu den Mahnern gehörten Amazon, Nestlé, Microsoft und Ikea (n-tv, 2022).

Für Deutschland zeigt eine Umfrage der staatlichen Förderbank KfW, dass hiesige Unternehmen im Jahr 2021 zwar gewaltige 55 Mrd. € für Klimaschutz aufwendeten. Das sei aber nur knapp die Hälfte der 120 Mrd. gewesen, die nötig gewesen wären, um Klimaneutralität bis Mitte des Jahrhunderts zu erreichen. Etwas mehr als zwei Wochen nach dieser Kontrollmeldung will der Wächter selbst vom Kurs abfallen. Laut einem Entwurf für eine neue „Sektorleitlinie Öl und Erdgas" soll die KfW ausnahmsweise fossile Projekte im Ausland finanzieren, die „nicht kompatibel mit einem 1,5-Grad-Pfad" sind. Hintergrund ist die Energieknappheit wegen des Ukrainekriegs. Die Ausnahme soll auf zwei Jahre befristet und auf energieexportierende Länder begrenzt sein (Ehlerding, 2022b, S. 26).

Im darauffolgenden Jahr 2023 hat sich die Einsicht verfestigt, dass das 1,5-Grad-Limit nicht mehr einzuhalten ist. Der Meteorologe und Fachautor Sven Plöger sagt in einem Interview zu seinem Buch „Zieht euch warm an, es wird noch heißer", das 1,5-Grad-Ziel sei zwar „theoretisch erreichbar, praktisch aber werden wir es reißen – möglicherweise schon in diesem Jahrzehnt" (Straub, 2023, S. 16 f.). Die World Meteorological Organisation (WMO) bestätigt ihn. Die Wahrscheinlichkeit, dass wir die Grenze schon in mindestens einem der kommenden fünf Jahre überschreiten, bemisst sie mit 66 % (Economist, 2023, S. 73). Studien aus dem Sommer 2023 berechnen, dass die 1,5-Grad-Obergrenze bereits im Jahr 2026 überschritten wird (Sander, 2023, S. 21; von Brackel, 2023, S. 13).

Das Versagen ist genauso global wie das Phänomen und seine Folgen. Nach einer Auswertung der Organisation „Climate Change Tracker" gibt es, Stand Mitte 2023, kein einziges Land, dessen Klimapolitik mit dem 1,5-Grad-Ziel vereinbar ist. Deutschland schaffe nicht einmal das 2-Grad-Ziel bis zum Jahr 2100 (Wulfers, 2023, S. 20; Bauchmüller, 2023, S. 6). Zur Wahrheit gehöre, „dass wir immer noch bei 2,7 Grad sind", sagt Plöger (Straub, 2023, S. 16 f.; Eickemeier, 2023, S. 13). Sechs junge Leute aus Portugal haben deshalb insgesamt 32 europäische Staaten vor dem Europäischen Gerichtshof für Menschenrechte in Straßburg verklagt. Sie wollen eine schnellere Kursänderung erzwingen (Janisch, 2023, S. 2; Müller-Neuhof, 2023, S. 6).

Das Unvermögen der internationalen Gemeinschaft, die 1,5-Grad-Grenze einzuhalten, und Ausnahmen vom 1,5-Grad-Ziel für die öffentliche Hand führen zu der Frage, ob man von Unternehmen verlangen kann, dass sie streng auf dem 1,5-Grad-Pfad bleiben. Mit guten Argumenten könnte man das als übermäßigen Eingriff in das Recht auf gewerbliche Betätigung nach Artikel 12, 19 III Grundgesetz ansehen. Auch rechtsstaatliche Prinzipien und der Gleichbehandlungsgrundsatz könnten verletzt sein, wenn die öffentliche Hand ihre Emissionsminderungspflichten nicht erfüllt, Private aber unter vergleichbaren Umständen dazu zwingt. Schon im antiken Rom galt der Grundsatz: Ultima posse nemo obligatur! Frei übersetzt: Man kann von niemandem verlangen, etwas zu vollbringen, das Anderen unmöglich ist.

Sollten Manager, ihre Kommunikatoren und Verbände das zum Thema machen? Im vertraulichen Gespräch mit Politik und Journalisten schon. Initiativ in der Öffentlichkeit eher nicht. Allerdings sollte man die Fakten und die dazugehörige Argumentation parat haben, falls man sich gegen öffentliche Angriffe oder rechtliche Sanktionen verteidigen muss. Dann lenkt man mit diesem Hinweis immerhin vom eigenen Versagen ab. Das ergibt keinen starken Auftritt, ist aber besser, als für kollektives Versagen allein nackt im Wind zu stehen.

Wer imstande ist, das 1,5-Grad-Ziel einzuhalten, aber nicht weiß, wie er technisch den Nachweis erbringen soll, der kann sich von spezialisierten Dienstleistern helfen lassen.

## Notes

1. Art. 19a Ziff. 2 (a) (iii) Bilanz-RL i. d. F. CSRD.
2. Art. 19a Ziff. 2 (b) Bilanz-RL i. d. F. CSRD.
3. Conference auf the Parties, the 27th.

## Literatur

Goodbye 1.5 °C. The world is missing its lofty climate targets. Time for some realism (5. Nov. 2022). Economist, S. 13

Amazon und Nestlé sind alarmiert. Konzerne fordern Einhaltung von 1,5-Grad-Ziel (12. Nov. 2022). n-tv. https://www.n-tv.de/Konzerne-fordern-Einhaltung-von1-5-Grad-Ziel-article23714081.html, abgerufen am 13. Nov. 2022.

Ehlerding, S. (11. Dez. 2022a). 25 Jahre Kyoto-Protokoll. Was hat es dem Klimaschutz gebracht? Tagesspiegel, S. 40.

Geinitz, C. (16. Nov. 2022). Die Klimakonferenz läuft schleppend. Weil es auf der COP in Ägypten nicht vorangeht, geraten kleinere Projekte in den Fokus – auch zu Wasserstoff. Frankfurter Allgemeine Zeitung, S. 17.

Ehlerding, S. (10. Dez. 2022b). Staatliche Förderbank. KfW gibt 1,5-Grad-Ziel zeitweise auf. Tagesspiegel, S. 26.

Straub, C. (12. Mai 2023). Im Gespräch: „Wir sind am Ende die Opfer unserer eigenen Taten." Zieht euch warm an, es wird noch heißer, lautet der Titel von Sven Plögers neuem Buch. Der TV-Moderator und Autor über das Gewohnheitstier Mensch, militanten Klimaschutz, Inlandsflüge und seine persönliche „Taxiregel". Tagesspiegel, S. 16–17.

Climate change: Mercury rising. The world is likely to breach its 1.5 °C climate target before 2028 (20. Mai 2023). Economist, S. 73.

Sander, L. (5.-11. Aug. 2023). Wir haben an der Uhr gedreht. Laut neuer Berechnung haben wir drei Jahre weniger, bis das Budget für die 1,5-Grad-Grenze bei der Erderhitzung sehr wahrscheinlich überschritten wird. Kein Grund, sie für tot zu erklären. die tageszeitung, Wochenausgabe, S. 21.

von Brackel, B. (31. Okt./1. Nov. 2023). 1,5 Grad sind fast besiegelt. Das $CO_2$-Budget für das Paris-Ziel ist laut einer neuen Berechnung praktisch alle. Süddeutsche Zeitung, S. 13.

Wulfers, A. (18. Juni 2023). Und was machen die anderen? Klimaschutz kann nur gelingen, wenn alle Länder mitmachen. Die Diplomatie hat noch nicht viel bewirkt. Dafür gibt es jetzt eine neue Chance. Frankfurter Allgemeine Sonntagszeitung, S. 20.

Bauchmüller, M. (5. Okt. 2023). Der Tag X rückt näher. Die UN legen erste Bausteine für die Kurskorrektur des Pariser Abkommens vor. Es bleibt erschreckend wenig Zeit. Süddeutsche Zeitung, S. 6.

Eickemeier, P. (19. Mai 2023). Die 1,5-Grad-Schwelle. Erwärmung könnte bald UN-Klimaziel übersteigen. Tagesspiegel, S. 13.

Janisch, W. (28. Sept. 2023). Wenn Flüsse den Rechtsweg gehen. Klimaschutzprozesse sind ein globales Phänomen, inzwischen dürften es fast 3000 sein – von Verfahren gegen Unternehmen und Behörden bis hin zu Klagen für ganze Ökosysteme. Süddeutsche Zeitung, S. 2.

Müller-Neuhof, J. (2. Okt. 2023). Einspruch. Folge 586. Kann Justiz die Welt retten? Wenn Klimapolitik hingerichtet wird. Tagesspiegel, S. 6.

# 8

# ESG-Kommunikation und $CO_2$-Kompensation

**These**

*$CO_2$-Ausgleichszertifikate und -technologien sind beliebte „Ablässe", um Klimaneutralität behaupten zu können. Sie bergen aber Risiken für Reputation und Haftung. Vorsicht!*

„Es gibt Unternehmen, die Gutschriften über Treibhausgasminderungen verkaufen, etwa Climate Partner, Southpole, MyClimate, Atmosfair und $CAP_2$. Die Idee ist: Wer nicht willens oder aus technischen oder finanziellen Gründen nicht in der Lage ist, den Treibhausgasausstoß seines Betriebs oder seiner Produkte ausreichend zu reduzieren, der kann sich fremde Klimaschutzleistungen einkaufen und als eigene anrechnen lassen. Viele Unternehmen machen Gebrauch von diesem Handel. Die praktischen Auswirkungen und der Nutzen für das Klima sind aber umstritten (Diesteldorf & Kläsgen, 2023, S. 13)."

Das Prinzip ist wirtschaftlich sinnvoll und nach dem Pariser Klimaschutzabkommen ausdrücklich erlaubt (Artikel 6). Für das Klima ist es egal, wo und wie auf der Erde Treibhausgase eingespart oder der Atmosphäre entzogen werden. Entscheidend ist die Konzentration der Gase per Saldo in der Lufthülle unseres Planeten und gebunden in den Ozeanen. Ökologisch und ökonomisch am effektivsten ist es daher, Klimaschutz geografisch und technisch so zu betreiben, dass man für eine bestimmte Menge Geld am meisten Treibhausgasminderung bekommt. Das ist oft in Entwicklungs- und Schwellenländern der Fall oder in Händen von Klimaschutzspezialisten. Typische Projekte sind neben Aufforstung etwa der Bau von Solarkraftwerken für grünen Strom, die Umstellung auf ökologische Landwirtschaft und die Installation von Heizungen mit Biogas statt Holz, um Entwaldung zu stoppen (Schlömer, 2023, S. 22).

Der Handel mit privaten Zertifikaten, sogenannten VER-Gutschriften (Verified Emission Reductions), ist jedoch kaum reguliert. Darin unterscheidet er sich vom staatlichen EU-Emissionshandelssystem und dessen ETS-Zertifikaten.[1] Wie viel Treibhausgase ein bestimmtes Klimaschutzprojekt über einen bestimmten Zeitraum einspart oder der Atmosphäre entzieht, ermitteln die privaten Zertifikate-Händler nach eigenen Standards. Die Papiere sind deshalb international nicht anerkannt. Der Käufer trägt das Risiko der Validität (Ruttloff et al., 2023, S. 1221 f.).

Im Jahr 2016 untersuchte das Freiburger Öko-Institut Hunderte derart zertifizierte Klimaschutzprojekte. Das Ergebnis: Nur zwei Prozent davon hielten mit hoher Wahrscheinlichkeit, was sie versprachen. Oft beruhten Angaben, wie viele Treibhausgase durch Aufforstung gebunden werden, auf Hypothesen. Zudem konnte damals jeder Baum „doppelt verbucht werden", erklärt die NGO Foodwatch (Maurin, 2022, S. 3).

Auch der Organisator der Start-up-Konferenz NOAH, Marco Rodzynek, sieht Kompensationszertifikate kritisch. Der Multimillionen-Dollar-Markt für diese Papiere sei „total intransparent", sagt er. Was sich konkret hinter den Bescheinigungen verberge, wie erfolgreich oder nicht die dahinterstehenden Projekte seien, das lasse sich kaum feststellen. Die Käufer interessiere das gar nicht (Balzter, 2022, S. 19).

Von 2011 bis 2022 gaben Firmen wie Nestlé, Siemens, Volkswagen und Zalando rund 211 Mio. US-Dollar für Kompensationszertifikate aus. Das Geld sollte eigentlich in Aufforstung von Regenwald geflossen sein, der als Gegenwert Kohlendioxid aus der Atmosphäre entfernt. Jedoch: „Bis zu 60 % bleiben als Vermittlungsgebühr bei Maklern hängen",

sagt Rodzynek. „Außerdem verdienen Anwälte und Berater kräftig mit
[…]. An Ort und Stelle selbst kommen oft weniger als 10 % an." Die
Brüsseler NGO Carbon Credit Watch spricht deshalb von „Müll-
Zertifikaten" (Balzter, 2022, S. 19).

Anfang des Jahres 2023 sorgt eine Meta-Studie für Verunsicherung bei
Unternehmen und für eine Neubewertung bestimmter CO$_2$-Zertifikate.
Die deutsche Wochenzeitung „Die Zeit", der britische „Guardian" und
die Investigativ-Plattform „Source Material" kamen nach Auswertung
wissenschaftlicher Untersuchungen und weiterer Datenquellen zu dem
Ergebnis, dass 94 % der Gutschriften für Schutz von Wald gegen Abholzung wertlos sind (Geisler & Knuth, 2023, S. 22; Jauch, 2023, S. 73;
Economist, 2023, S. 63 f./64). Ein führender Anbieter solcher Zertifikate
ist Verra. Namhafte Käufer sind Volkswagen, der italienische Kaffee-
hersteller Lavazza, der Pharmakonzern Bayer, die Logistik-Gruppe Kühne
+ Nagel, der Einzelhändler Rewe und die Drogeriekette Rossmann.

Einige Unternehmen legen Werbung mit dem Attribut „klimaneutral"
daraufhin auf Eis: etwa Nestlé für den Schokoriegel Kitkat und die Ne-
spresso-Kaffees, Gucci für seine Luxusartikel und der Ölkonzern Shell für
seine Konzernstrategie (Knuth, 2023a, S. 38). Der Geschäftsführer von
Rossmann, Raoul Roßmann, erklärt für sein Unternehmen, die Vermarktung eines Produkts als klimaneutral bringe ohnehin keinen Vorteil
außer vielleicht für das „Markenimage". Nach der Studie sei das Label
aber „im Grunde tot" (Geisler & Knuth, 2023, S. 22). Als Reaktion auf
die Enthüllungen stellten die großen Anbieter von „klimaneutral"-Ab-
zeichen um auf neue Bezeichnungen wie: „Wirkt. Nachhaltig." (Knuth,
2023b, S. 25)

> „Ein weiterer Grund für den Kurswechsel ist eine Salve von Abmahnungen
> und Klagen der Deutschen Umwelthilfe (DUH) gegen Unternehmen und
> Sportvereine, die ihre gesamte Organisation, ihre Produkte oder Dienst-
> leistungen als klimaneutral dank Kompensation preisen. Als Gegner nennt
> die DUH unter anderem den Lebensmittelhersteller Danone, die Flug-
> gesellschaft und Lufthansa-Tochter Eurowings, die Lieferdienste Hello-
> Fresh und Gorillas, den Discounter Netto, den Brennstoffhändler Beer, den
> Handballverein „Füchse Berlin", den Mobilitätsdienstleister Intelligent
> Apps sowie die Kaffeehändler Lavazza und Unicaps (DUH, 2023). Un-

wahre Werbung kann Ansprüche auf Unterlassung, Schadensersatz und Gewinnabschöpfung begründen. Klageberechtigt sind nicht nur Verbraucherschützer und ähnliche Verbände, sondern auch Wettbewerber (Ruttloffet et al., 2023, S. 1283 ff.)."

Ein weiteres Risiko ist die mögliche „Entwertung" von $CO_2$-Kompensationszertifikaten nach Kauf und Gutschrift. Ein Beispiel hierzu ist der Brand im Lionshead Canyon im US-Bundesstaat Oregon. Dort gibt es ein Gebiet mit mehreren Wäldern, welche die kalifornische Luftreinhaltebehörde „Carb" als Klimaschutzprojekt verwaltet. Carb schützt den Baumbestand vor Eingriffen des Menschen, insbesondere vor Abholzung. Wer seinen Treibhausgasfußabdruck verkleinern will, kann bei der Behörde Anteile an dem Wald erwerben. Ihm wird gutgeschrieben, was hypothetisch verloren ginge, wenn das entsprechende Waldstück gerodet würde.

Im August 2020 brannte ein großer Teil des Waldes in Oregon ab. Der ohnehin nur hypothetische Klimaschutzeffekt ist seitdem mit Gewissheit zunichte, mindestens bis zum Nachwachsen der Bäume (Von Eichhorn, C., 2023, S. 33). Entfällt damit auch nachträglich die $CO_2$-Gutschrift? Welchen Effekt hätte das auf einen Jahresabschluss, in dem die Zertifikate auf bestimmte Klimaziele angerechnet wurden? Wieviel Verantwortung weist die öffentliche Meinung den Käufern der Zertifikate in so einem Fall zu? Viele Fragen sind noch ungeklärt.

Neben ökologischen Risiken kann sich der Käufer von Wald-Zertifikaten auch soziale und menschenrechtliche Risiken ins Haus holen. In Kambodscha wurden laut Investigativrecherchen Bauern von ihrem Land vertrieben, um Baumbestände für $CO_2$-Ausgleichsgeschäfte zu gewinnen (von Eichenhorn & Hubi, 2023, S. 16). Das gleiche Schicksal kann indigene Völker treffen. Wer Zertifikate solcher Anbieter im Bestand hat, muss mit peinlichen Fragen rechnen, wenn die Umstände bekannt werden. Ein Reputationsschaden lässt sich auch bei sorgfältiger Auswahl der Zertifikate und professioneller Abwehr von Kritik nicht ausschließen.

Eine Ursache des Problems ist, dass sich viele Unternehmen bei ihrer ESG-Berichterstattung auf das prominente Thema Klimaschutz und

Minderung von Treibhausgasemissionen fokussieren. Soziale und Governance-Risiken werden „nur unzureichend berücksichtigt", so das Ergebnis einer Untersuchung der Wirtschaftsprüfungs- und Beratungsgesellschaft PwC zu Banken in Europa (PwC, 2023, S. 2281). Die Konzentration der Rechnungslegung auf Klimathemen lässt sich allerdings auch in anderen Branchen beobachten. Kommunikatoren sollten für ihre Zwecke vollständige Risikobewertungen erstellen oder im Unternehmen auf eine umfassende Betrachtung drängen.

Auf eine baldige Entlastung bei Bewertung und Auswahl von Zertifikaten sollten Risiko-Analysten nicht hoffen. Das vergleichsweise junge Projekt „Kariba" der Firma Southpole gilt Mitte 2023 als eines „der größten CO$_2$-Kompensationsprojekte der Welt". Laut Recherchen einer Gruppe internationaler und lokaler Medien bestehen aber „große Zweifel", dass die schweizerische Firma ihre Versprechen hält. An der Börse wird Southpole mit mehr als einer Milliarde Euro bewertet. Das macht die Firma zum gefeierten Start-up-Unicorn (Fischer et al., 2023, S. 24).

Der Bericht weckt Erinnerungen an den Wirecard-Skandal um einen Münchner Zahlungsdienstleister. Auch Wirecard war ein Börsenstar. Das Unternehmen schaffte es bis in die Dax-30. Dann kam heraus, dass ein Großteil der Gewinne Luftbuchungen war. Wirecard fiel in die Insolvenz und ist seitdem ein Fall für die Strafjustiz.

Ein allem Anschein nach gelungenes Beispiel für eine Klimaschutzpartnerschaft mit einem Entwicklungsland liefert indes die Schweiz. Die Eidgenossenschaft kauft Zertifikate über CO$_2$-Minderungen, die an eine Umstellung des Reis-Anbaus in Ghana geknüpft sind. Nach traditioneller Methode produzieren die Kulturen dieses Grundnahrungsmittels viel Methan. Das Gas ist um ein Vielfaches klimaschädlicher als Kohlendioxid.

Mit einfachen Plastikrohren und weniger Bewässerung lässt sich der Methanausstoß jedoch deutlich senken. Dank dieses Transfergeschäfts kann die Schweiz ihre Klimaziele vergleichsweise kostengünstig erreichen. Die Umstellung einer entwickelten Industrie in einem westlichen Land ist wesentlich teurer. Außer mit Ghana hat die Schweiz noch mit zehn weiteren Ländern Verträge über CO$_2$-Ausgleichsprojekte geschlossen, davon sind acht Entwicklungsländer (Beller, 2023, S. 28 ff.).

Trotz hoffnungsvoller Beispiele: Es wird nicht genügen, Treibhausgase in Verfahren zu kompensieren, die nicht hundertprozentig sicher sind. Man denke an die Waldbrände des Sommers 2023 in vielen Regionen der Erde. Wer keinen Weg findet, der verlässlich in Richtung netto null Emissionen Mitte dieses Jahrhunderts führt, der sollte über sein Geschäftsmodell nachdenken. Ein neues Standbein wäre vielleicht eine gute Idee. Sonst könnte der Betrieb durch Regulierung, steigende Kosten und einen Entzug der gesellschaftlichen „licence to operate" (Neumann et al., 2023) erstickt werden.

Ein Mittelweg ist die Einlagerung von Kohlendioxid in den Erdboden (CCS = „carbon capture and storage"). Angebote für solche Lösungen sind jedoch noch knapp und teuer. Island ist ein Vorreiter. Dort filtert man $CO_2$ aus der Luft, angetrieben von klimaneutral gewonnener Energie aus Geothermie, und wandelt es um in Stein. Der Preis liegt bei 600 bis 800 US-Dollar pro Tonne.

Andere gebräuchliche Abkürzungen, hinter denen sich Techniken zur Verwertung von $CO_2$ als Rohstoff verbergen, sind DAC und CCU („direct air capture" und „carbon capture and utilization"). Das in Chicago börsennotierte Start-up LanzaTech beispielsweise fängt das Treibhausgas in Schornsteinen der Stahlindustrie auf und verwandelt es in Flugzeugtreibstoff oder Zutaten für Plastikflaschen (McLachlan & Sanders, 2023, S. 167). Das Rift Valley in Kenia gilt als „idealer" Standort für DAC. Dort sollen die Kosten kurzfristig unter 500 US-Dollar pro Tonne liegen. Binnen fünf Jahren könnten sie laut Prognosen unter 100 Dollar sinken. In Deutschland ist CCS – noch – verboten. Eine Reform des „Kohlendioxid-Speicherungsgesetztes mit Erlaubnis von CCS" ist im Gespräch (Geinitz, 2023, S. 2; Jauch, 2023, S. 44 ff.).

Für Kommunikatoren wird sich der Streit um die Verwendung des Adjektivs „klimaneutral" und die Unsicherheit bei Kompensationsgeschäften möglicherweise bald auf andere Art erledigen. Das Europäische Parlament und der EU-Rat verabschiedeten am 20. September 2023 eine Richtlinie, die Werbung mit Nachhaltigkeitsversprechen beschränkt („Green Claims"[2]). Danach dürfen sich Firmen nur noch als klimaneutral bezeichnen, wenn sie einen wissenschaftlich abgesicherten und überprüfbaren Fahrplan zu netto null Treibhausgasemissionen vorweisen können.

„Der Fahrplan muss die gesamte Liefer- und Wertschöpfungskette umfassen. Produkte dürfen nach dem Entwurf nicht mehr als klimaneutral vermarktet werden, wenn die Neutralität nur auf $CO_2$-Ausgleichsgeschäften beruht. In etwa zwei Jahren soll die Richtlinie in nationales Recht umgesetzt sein (Knuth, 2023c, S. 26; Terpitz et al., 2023, S. 18 f.).“

$CO_2$-Kompensationen zu kaufen, wird aus den oben genannten Gründen eine riskante Entscheidung bleiben. Wie die Beispiele zeigen, kann man unverschuldet und kaum kontrollierbar in einen Strudel aus wirkungslosen Projekten, wertlosen Zertifikaten, Aberkennung von Gutschriften, Erklärungsnot und ein Reputationsdesaster geraten. Hinzu kommt das Risiko regulatorischer Veränderungen. Dennoch bleibt der Ansatz richtig, Treibhausgase dort zu reduzieren, wo man für einen bestimmten Aufwand das beste Ergebnis bekommt.

Wer Geschäftsmodelle und deren Erfolge vergleichen will – Klimaneutralität *mit* Kompensation versus Klimaneutralität *ohne* –, der sollte den Outdoor-Ausrüster Patagonia unter die Lupe nehmen und weniger ESG-ehrgeizige Kleidungshersteller dagegenhalten. Das US-Unternehmen hat sein Ziel, netto null $CO_2$ in die Atmosphäre zu entlassen, zwar von 2025 auf 2040 verschoben. Dafür will es dieses Ziel zusammen mit seinen Lieferanten aus eigener Anstrengung erreichen und auf Kompensationen komplett verzichten.

„„Wir […] wollen die Dinge lieber gründlich umsetzen“, erklärt Nina Hajikhanian, Managerin für Europa, Afrika und den Nahen Osten. Der Erfolg gibt Patagonia bislang recht. Während Wettbewerber straucheln oder pleitegehen, liegt die konsequente Öko-Marke mit geschätzten 100 Millionen US-Dollar Gewinn pro Jahr im Plus (Scheppe, 2023, S. 21).“

Der Technologiekonzern Apple verwendet dagegen im Oktober 2023 noch Ausgleichszertifikate, um seine beiden neuen „Apple Watch“-Modelle als klimaneutral vermarkten zu können. Ein Viertel der Emissionen im Vergleich zu Vorgängerprodukten hätte sich nicht anders vermeiden lassen, heißt es bei der Markeinführung. Laut der „Zeit“ vertraut der US-Konzern dabei auf Zertifikate aus „Waldschutzprojekten“, die von dem Zertifizierer Verra ausgestellt wurden. Nach den oben erwähnten

Recherchen des Wochenmagazins hatten sich diese als „weitgehend wert-los" erwiesen. Die „Zeit" fragt angesichts „fragwürdiger, veralteter Klima-lösungen" zu Recht: „Wollte der Konzern nicht mal innovativ sein?" (Knuth, 2023a, S. 38; Dernbach, 2023, S. 21)

Kommunikatoren sollten die Diskussion über $CO_2$-Kompensations-zertifikate weiterhin im Blick behalten. Die nachstehenden Fragen können als Checkliste dienen, um das Risiko eines Kaufs für Reputation und Haftung zu bemessen.

(1) Will mein Unternehmen aus freiem Entschluss Ausgleichsgutschriften erwerben, um Emissionsmeilensteine oder Emissionsziele zu er-reichen – oder ist es aus regulatorischen Gründen dazu gezwungen? Lassen sich die selbst gesetzten oder regulatorisch vorgegebenen Klima-ziele auch ohne Kompensationsgeschäfte erreichen? Falls nein, …

(2) Sollen und dürfen die Kompensationen im Jahresabschluss aufgeführt und angerechnet werden? Besteht das Risiko von Bilanzfälschung? Sollen die Kompensationen offensiv in der Kommunikation ein-gesetzt werden, um Klimafreundlichkeit oder -neutralität behaupten zu können?

(3) Welche Anbieter und welche Techniken für $CO_2$-Ausgleich bieten die beste Gewähr dafür, Krisen und Haftungsrisiken wegen Greenwashing ausschließen zu können?

Was geschieht, wenn eine verbriefte Treibhausgassenkung trotz aller Vorsorge nachträglich zunichtegemacht wird? Entstehen dadurch Reputations- und Haftungsrisiken?

## Notes

1. European Union Emissions Trading System (EU-ETS).
2. COM/2023/166 final. Proposal for a Directive of the European Parlia-ment and the Council on substantiations and communication of explicit environmental claims (Green Claims Directive) of 22 March 2023. Deut-sche Fassung: Vorschlag für eine Richtlinie des Europäischen Parlaments und des Rates über die Begründung ausdrücklicher Umweltaussagen und die diesbezügliche Kommunikation (Richtlinie über Umweltaussagen).

# Literatur

Diesteldorf, J.; Kläsgen, M. (29. Sept. 2023). Schluss mit den falschen Klimaschutzversprechen. Sie sind überall, die irreführenden „Klimaneutral"-Labels: auf Marmeladengläsern, Motorenöl-Flaschen und auf Webseiten von Fußballclubs. Die schränkt derlei Werbung jetzt massiv ein. Dagegen wehrt sich die Industrie – aber lieber heimlich. Süddeutsche Zeitung, S. 13.

Schlömer, O. (9. Jan. 2023). Zahlen fürs gute Gewissen. Fliegen ist schlecht fürs Klima, doch nicht jeder Flug lässt sich vermeiden. Daher wird fleißig $CO_2$ kompensiert. Wie funktioniert das Prinzip? Frankfurter Allgemeine Zeitung, S. 22.

*Ruttloff, Marc; Kappler, Lisa; Schuler, Florian:* Rechtliche Fallstricke für Unternehmen im Zusammenhang mit Greenwashing – Teil II, in: Betriebs-Berater 2023, S. 1219–1224.

Maurin, J. (25. Nov. 2022). Klimaschutz mit sieben Siegeln. Zertifizierungsfirmen helfen Unternehmen, ihre Produkte als klimaneutral zu vermarkten. Verbraucherschutzorganisationen sehen darin einen „Ablasshandel", den die Europäische Union verbieten sollte. die tageszeitung, S. 3.

Balzter, S. (5. Dez. 2022). Frust über die Klimazertifikate. Auf der Start-up-Konferenz NOAH geht es um Umweltschutz und Ureinwohner. Frankfurter Allgemeine Zeitung, S. 19.

Geisler, A.; Knuth, H. (26. Jan. 2023). „Das Label ist im Grunde tot." Die Drogeriemarktkette Rossmann will ihre eigenen Produkte nicht mehr als „klimaneutral" bewerben. Der Geschäftsführer Raoul Roßmann erklärt, warum er das Budget für die Kompensation nun woanders ausgibt. Die Zeit, S. 22.

Jauch, M. (16. Sept. 2023). Aufbruch in die Tiefe. Wenn die Industrie klimaneutral werden soll, könnte das Verpressen von Kohlendioxid helfen. In Deutschland ist die $CO_2$-Speicher-Technik derzeit verboten. Die Wirtschaft fordert ein Umdenken. Focus. Nr. 38, S. 42–48.

Knuth, H. (5. Okt. 2023a). Greenwashing: Uhr ohne Zeitgefühl. Apple bringt sein erstes $CO_2$-neutrales Produkt auf den Markt und setzt dabei auf fragwürdige, veraltete Klimalösung. Wollte der Konzern nicht mal innovativ sein? Die Zeit, S. 38.

Knuth, H. (4. Mai 2023b). Kommentar: Was oft Schmu ist. Immer mehr Anbieter stoppen die Vergabe ihrer „klimaneutral"-Label. Richtig so: Das Siegel ist für viele nur ein Ablenkungsmanöver. Die Zeit, S. 25.

DUH (17. Mai 2023). https://www.duh.de/presse/pressemitteilungen/dreiste-verbrauchertaeuschung-mit-angeblicher-klimaneutralitaet-deutsche-umwelthilfe..., zugegriffen am 17. Mai 2023.

*Ruttloff, Marc; Wehlau, Andreas; Wagner, Eric; Skoupil, Christoph; Rothenburg, Vera*: Rechtliche Fallstricke für Unternehmen im Zusammenhang mit Green-washing – Teil III, in: Betriebs-Berater 2023, S. 1283–1289.

von Eichhorn, C. (4./5. Febr. 2023). Unausgeglichen. Wälder schützen, um eine Flugreise zu kompensieren? Daran gibt es Kritik. aber $CO_2$-Zertifikate könnten funktionieren: Fünf Vorschläge, was sich ändern muss. Süddeutsche Zeitung, S. 33.

von Eichenhorn, C.; Hubi, B. (10. Okt. 2023). Verloren im Urwald. Singapur will zum globalen Marktplatz für $CO_2$-Zertifikate werden, etwa mit Wald-schutzprojekten in Kambodscha. Doch das geschieht oft auf Kosten der Ärmsten, während das Klima kaum profitiert. Süddeutsche Zeitung, S. 16.

*PwC (PricewaterhouseCoopers)*: Offenlegung von ESG-Risiken häufig noch un-zureichend, in: Betriebs-Berater 2023, S. 2281–2282.

Fischer, T., Matiashe, F. S., Knuth, H.; Ufumeli, T. (27. Juli 2023). Geld wächst nicht auf Bäumen. Die Schweizer Firma South Pole betreibt in Simbabwe eines der größten $CO_2$-Kompensationsprojekte der Welt. 100 Millionen Euro hat sie damit eingenommen. Wie viel ist bei den Bewohnern der Region angekommen? Die Zeit, S. 24.

Beller, S. (11. Aug. 2023). Saubere Bilanz. Das Pariser Klima-Abkommen ver-pflichtet seine Unterzeichner, $CO_2$ zu sparen. Das muss ein Land aber nicht immer selbst tun – es kann auch ärmere Staaten dafür bezahlen, stellver-tretend das Klima zu schützen. Die Schweiz ist da ein fragwürdiges Vorbild. Süddeutsche Zeitung Magazin. Nr. 32, S. 29–31.

*Neumann, Michael; Forthmann, Jörg; Heintze, Roland (2023):* Im Schraubstock von Profit und Nachhaltigkeit. Warum Nachhaltigkeitsreputation für Unter-nehmen überlebenswichtig wird. Hamburg: IMWF.

*McLachlan, Stuart; Sanders, Dean (2023):* The Adventure of Sustainable Per-formance. Beyond ESG Compliance to Leadership in the New Era. Hobo-ken (NJ): Wiley.

Geinitz, C. (6. Juni 2023). Streit über $CO_2$-Abscheidung vor Weltklima-konferenz. Die Gastgeber aus Dubai werben für Alternativen zu Erneuer-baren – Berlin geht einen anderen Weg. Frankfurter Allgemeine Zeitung, S. 2.

Knuth, H. (17. Mai 2023c). „Klimaneutral": Die EU stoppt Greenwashing. Die Zeit, S. 26.

Terpitz, K., Kolf, F.; Scheppe, M. (12. Juli 2023). Für falsche Versprechen zahlen. Greenwashing wird zum Risiko. Tagesspiegel, S. 18–19.

Scheppe, M. (24. Juli 2023). „Echt" nachhaltig. Warum Patagonia erst 2040 klimaneutral wird. Tagesspiegel, S. 21.

Dernbach, C. (5. Okt. 2023). Greenwashing oder Vorreiterrolle. So geht Klimaschutz für Apple. Tagesspiegel, S. 21.

# 9

# ESG-Kommunikation und eigenständige Offenlegung

**Fallbeispiel Bilfinger**

*Das Geschäft(-smodell) ist von den Taxonomien kaum erfasst. Wie soll es bewertet werden? Bilfinger hat eine eigene Taxonomie entwickelt. Taugt dieses Vorgehen als Vorbild?*

„Der Chef des Industriedienstleisters Bilfinger, Thomas Schulz, nennt die EU-Umwelttaxonomie der EU „ein Monster". Der Hintergrund: Laut Nachhaltigkeitsbericht seines Unternehmens sind nur sechs Prozent des Umsatzes taxonomiefähig und null Euro taxonomiekonform, so der Stand im März 2023. Das ist verwunderlich, wenn man sich Bilfingers Geschäft anschaut: Eine wichtige Säule sind Montage und Wartung von Anlagen zur Gewinnung erneuerbarer Energie (Freytag, 2023, S. 22). Eine Anwendung des Regelwerks hält Schulz wegen der geringen Übereinstimmungen bei seinem Unternehmen nicht für sinnvoll. Stattdessen hat Bilfinger eine eigene Klassifikation entwickelt, um über seine Nachhaltigkeit zu informieren. Die Aktivitäten werden in Stufen von A bis D sortiert (Freytag, 2023, S. 22; FAZ, 2023, S. 18)."

M. Neumann, J. Forthmann, *ESG-Reporting in der Unternehmenskommunikation*, https://doi.org/10.1007/978-3-658-44204-0_9

Dieser Ansatz mag aus der Innensicht von Bilfinger sinnvoll sein. Systematisch spricht gegen eine Klassifikation im Eigenbau, dass sie den Vergleich mit anderen Unternehmen oder der Branche (Benchmarking) erschwert bis unmöglich macht. In der Praxis könnten Rangfolgen, Statistiken und Preisvergaben ohne Bilfinger stattfinden, es sei denn, ein Konzernfremder übersetzt die Bilfinger-Eigenbewertungen in das allgemein gebräuchliche System. Indem das Unternehmen aber diesen Prozess Externen überlässt, gibt es Steuerung ab und riskiert Fehler in der Außendarstellung. Wer über einen solchen Sonderweg nachdenkt, der sollte verfolgen, wie Ratingagenturen, Journalisten und andere Beobachter auf Bilfingers Vorstoß reagieren.

Hinzu kommt, dass Vergleichbarkeit in der europäischen Umweltgesetzgebung generell einen hohen Stellenwert genießt und an mehreren anderen Stellen gewährleistet sein muss. Für den Bericht zur Vergütung der Vorstände gilt: Die „Vergleichbarkeit mit Wettbewerbern und Markt" ist eine von sechs wesentlichen Eigenschaften einer Nachhaltigkeitskennzahl. Die anderen fünf sind Transparenz, Nachvollziehbarkeit, Überprüfbarkeit, Messbarkeit (Empfehlung: quantitativ) und Verbindung zur Strategie (Zülch, Winkler & Thun, 2023, S. 1874).

Auch die CSRD gibt ein Verfahren vor, das Transparenz und Vergleichbarkeit gewährleisten soll. Es ist zwar nicht zwingend. Aber wenn man es nicht einhält, büßt man mit einem Verlust an Reputation (Hommelhoff, 2023, S. 743): (1) Ermittlung der negativen Auswirkungen von Risiken und Chancen des Unternehmens auf schutzbedürftige Rechtsgüter wie Klima, Menschenrechte usw., (2) Bestimmung der Schutzziele, (3) Einbau dieser Ziele in die Unternehmenspolitik, (4) Ableitung der Schutzprozesse und -maßnahmen aus dieser Unternehmenspolitik, (5) Kontrolle, wie sich diese Prozesse und Maßnahmen auf die Schutzgüter auswirken, (6) Ermittlung der mit diesen Prozessen und Maßnahmen erzielten Erfolge oder Misserfolge (Hommelhoff, 2023, S. 743).

Lässt sich mit Bilfingers Ansatz Vergleichbarkeit herstellen? Überzeugt das Konzept in der Praxis? Der Börsenkurs von Bilfinger allein liefert (noch) kein Indiz. Das in der Rechtsform einer Europäischen Aktiengesellschaft (SE) notierte Unternehmen startete im Jahr 2023 unter 28 € pro Anteil, kletterte im Frühjahr auf ein Hoch von fast 40, fiel aber um die Jahresmitte wieder unter 31. Das zweite Halbjahr hat ebenfalls durchwachsen begonnen.

Schwierig wird es zudem bei der Kausalität. Welchen Anteil an der Bewertung durch Investoren hat die selbstentwickelte Klassifikation, welchen die sonstigen Daten und Fakten, welchen die Kommunikation? Entschließt sich ein Unternehmen, dem Weg Bilfingers zu folgen, dürften die Anforderungen an die Kommunikation jedenfalls noch deutlich höher sein als bei Anwendung der Standard-Taxonomien. Als Abweichler gegen einen Trend in Regulierung, Politik und Öffentlichkeit muss man immer wieder erklären, warum man einen anderen Weg beschreitet und warum das gerechtfertigt ist.

Sollte sich Bilfingers Weg als gangbar erweisen, könnten viele Unternehmen trotz des Aufwands Interesse daran haben. Das lässt sich aus einer Studie der Philipps-Universität Marburg schließen, die im Mai 2023 veröffentlicht wurde. Marc Steffen Rapp, Professor für Betriebswirtschaftslehre, und die Doktorandin Melanie Roser untersuchten die 34 Industrie- und Dienstleistungsunternehmen im Euro Stoxx 50, dem Leit-Börsenindex für den Euroraum.

Nach eigener Einordnung der Firmen waren nur sechs Prozent des addierten Umsatzes im Jahr 2022 taxonomiekonform. Der Gesamtumsatz betrug 2,443 Mrd. €, davon waren 941 Mrd. taxonomiefähig und 156 Mrd. bereits taxonomiekonform. 1,502 Mrd. waren dagegen nicht taxonomiefähig (Frühauf, 2023, S. 27). Bilfinger ist demnach ein Schlusslicht bei der Taxonomiekonformität, aber die meisten anderen sind nicht viel weiter vorne. Die – von 34 zu 50 – fehlenden 16 €-Stoxx-Mitglieder waren Finanzdienstleister, Banken oder Versicherungen. Sie blieben außer Betracht, weil sie nach anderen Kennzahlen bewertet werden (siehe oben „Green Asset Ratio").

# Literatur

„Die EU-Taxonomie ist ein Monster." Bilfinger-Chef Thomas Schulz über den Kampf um Nachhaltigkeit und Energie (22. März 2023). Frankfurter Allgemeine Zeitung, S. 18.
Freytag, B. (16. Aug. 2023). Bilfinger stopft Löcher. Konzern strebt „Neupositionierung" in Amerika an. Frankfurter Allgemeine Zeitung, S. 22.

*Zülch, Henning; Winkler, Anne; Thun, Toni W.:* Nachhaltigkeitsintegration in den Vergütungssystemen der Unternehmen des DAX 40, in: Der Betrieb 2023, S. 1873–1878.

*Hommelhoff, Peter:* Herausforderungen aus den EU-Nachhaltigkeitsrichtlinien, in: Die Aktiengesellschaft 2023, S. 742–744.

Frühauf, M. (17. Mai 2023). Wenig Haben – viel Soll. Frankfurter Allgemeine Zeitung, S. 27.

# 10

# ESG-Kommunikation Verbraucher und Mitarbeiter

> **These**
>
> *Faktenbasierte und quantifizierte ESG-Kommunikation stärkt die Bindungen des Unternehmens sowie seiner Marken, Produkte und Dienstleistungen zu Konsumenten und Mitarbeitern.*

Die CSRD und die Vorschriften zu ihrer Ergänzung stehen laut einer internationalen Umfrage der Kommunikationsberatung WE Communications und des Meinungs- und Marktforschungsunternehmens YouGov in Einklang mit den Erwartungen von Verbrauchern. Jene wünschten sich nämlich „regelmäßige Updates, klare Kennziffern und Nachweise über reale Fortschritte". Das Vertrauen in eine Marke sei „an die Nachvollziehbarkeit des eingeschlagenen Weges geknüpft". Die Erkenntnisse beruhen auf einer Befragung von 11.845 Personen, die sich auf sieben Märkte verteilen: Australien, Deutschland, Großbritannien, Indien, Singapur, Südafrika und USA (WE Communications, 2022, S. 3).

Das klingt nach einem Elfmeter vor freiem Tor für B2C-Unternehmen (Business to Consumer[1]). Investitionen in ESG-Rechenschaftsle-

© Der/die Autor(en), exklusiv lizenziert an Springer Fachmedien Wiesbaden GmbH, ein Teil von Springer Nature 2024
M. Neumann, J. Forthmann, *ESG-Reporting in der Unternehmenskommunikation*,
https://doi.org/10.1007/978-3-658-44204-0_10

gung und -Kommunikation sollten sich, so die Schlussfolgerung aus der Studie, unmittelbar auszahlen, und zwar in Gestalt typischer Vorteile wie stärkerer Kundenbindung und einem Plus an Kaufentscheidungen, sprich: Absatz und Umsatz. Dass ESG auch die Bindung von Mitarbeitern an ihren Arbeitgeber stärkt und den Zulauf an qualifiziertem Nachwuchs vergrößert, dazu gibt es bereits einige Belege (Neumann et al., 2021, S. 29 f.; Neumann et al., 2023, S. 25 f.). Was nach außen kommuniziert wird, sollte auch aus diesem Grund mindestens gleichzeitig intern bekannt gemacht werden, wenn nicht vorab.

Für B2B-Unternehmen (Business to Business[2]), etwa einen mittelständischen, nicht börsennotierten und nicht kapitalmarktorientierten Maschinenbauer, sieht die Rechnung etwas anders aus. Er könnte sich über die Last der Datenerhebung ärgern. Notwendigkeit und Nutzen mögen ihm wenig greifbar erscheinen. Eine Ausnahme ist die Pflege von Geschäftsbeziehungen. Große Unternehmen verlangen von kleineren Partnern häufig die Zulieferung von Daten, um eigene Berichtspflichten erfüllen zu können (Marx, 2023, S. 22; Riedel, 2023, S. 16).

Ein Wermutstropfen ist auch die Skepsis der Befragten. Sie glauben, dass nur etwa die Hälfte der Unternehmen, die werteorientierte Verpflichtungen eingegangen sind, diese Verpflichtungen auch erfüllen. Diese Zweifel ließen sich am besten mit quantifizierter Kommunikation ausräumen, also mit Zahlen und Fakten (WE Communications, 2022, S. 5, 9). Diese Informationen sollten konstant fortgeschrieben werden, sodass man Entwicklungen ablesen kann. Mehr als zwei Drittel der Befragten gaben sowohl 2022 als auch schon im Vorjahr an, dass „sie es vorziehen, wenn Unternehmen ihre mehrjährigen Investitionen auf eine einzige Sache konzentrieren, anstatt jedes Jahr eine andere Sache zu unterstützen". Dabei sollten die Unternehmen laut den Befragten pragmatisch vorgehen statt überambitioniert (WE Communications, 2022, S. 7, 12). Fokussierung ist also auch gewünscht.

Für die Formulierung von Zielen gilt gemäß der Studie die – weithin bekannte – SMART-Regel: Die Ziele sollten *s*pecific, *m*easurable, *a*chievable, *r*ealistic und *t*ime-bound sein (WE Communications, 2022, S. 18). Auch über Rückschläge sollten Unternehmen ehrlich und faktenorientiert berichten (WE Communications, 2022, S. 16). Schwafeln und schweigen schadet dagegen. Das haben Wissenschaftler für das Verhältnis von Topmanagern zu Analysten nachgewiesen. Wenn die Führungsspitze „labert", fallen die Börsenkurse. Gleichzeitig steigen die Preise für Versicherungen gegen Kurseinbrüche (Focus Money, 2023, S. 9; Gojdka, 2023, S. 13).

Für das Verhältnis zwischen der Unternehmenskommunikation und aufgeklärten, anspruchsvollen Verbrauchern dürfte Ähnliches gelten. Ausflüchte lassen sich aus rechtlichen Gründen allerdings nicht immer vermeiden. Falls irgendwie möglich, sollte man sie nicht stehen lassen, sondern gehaltvolle Antworten nachliefern.

Ein Beispiel für clevere und – im wahrsten Sinne des Wortes – bildhafte Kommunikation mit Verbrauchern liefert Pangaea Life, eine Tochtergesellschaft der Bayerischen Versicherung. Sie offeriert ihren Kunden Beteiligungen an einem Nachhaltigkeitsspezialfonds, der in einen Versicherungsmantel gekleidet ist. Die Vermögenswerte werden langfristig gehalten. Anleger können deren Zustand und Entwicklung selber kontrollieren, indem sie etwa mit einer virtuellen Drohne über eine Wasserkraftanlage in Portugal oder einen Windpark in Norwegen fliegen und die Installationen in 3-D begutachten.[3]

Eine schlechte Nachricht aus der Studie von WE Communications ist die geringe Preiselastizität der Nachfrage. Nur 46 % der Befragten sind danach bereit, einen höheren Preis für Produkte zu zahlen, damit Marken ihren Purpose weiterverfolgen und ihre ESG-Verpflichtungen erfüllen können (WE Communications, 2022, S. 9). Verbraucher verlangen also viel von Unternehmen, wollen aber nur wenig dafür zahlen.

Das zeigt sich auch im Vergleich mit der Praxis. Laut einer Studie des Meinungsforschungsinstituts Civey sind 28 % der Bürger bereit, die Emissionen einer Flugreise durch eine freiwillige Zahlung zu kompensieren. Tatsächlich nutzten Mitte 2023 jedoch nur drei Prozent der Passagiere solche Möglichkeiten (Kazooba, 2023, S. 23). Dabei könnte allerdings auch die Unsicherheit eine Rolle spielen, ob man für sein Geld wirklich die versprochene Verkleinerung des $CO_2$-Fußabdrucks bekommt.[4]

Diese Erkenntnisse und eigene Erfahrungen zum Return on Investment (ROI) von ESG sollten Unternehmen berücksichtigen, wenn sie entscheiden, wie viel und an welchen Stellen sie in ihre Nachhaltigkeitskommunikation investieren.

# Notes

1. Geschäft mit (End-)Verbrauchern, Verkauf an Private.
2. Geschäft mit Unternehmenskunden (oder öffentlicher Hand oder gemeinnützigem Sektor), nicht mit (privaten) Verbrauchern.
3. Für den digitalen Rundgang (oder Rundflug) muss man sich unter https://www.pangaea-life.de/fonds/digitale-investmentreise die Pangea Life App herunterladen. Gezeigt werden mehrere 360-Grad-Videos, die nacheinander abgespielt werden.
4. Vgl. Kap. 8.

# Literatur

*WE Communications (2022)*: WE Brands in Motion. Die Mutfrage: Echt sein, echt handeln. 6. Ausgabe. München, Frankfurt. www.we-worldwide.com.

*Neumann, Michael; Forthmann, Jörg; Heintze, Roland (2021)*: Weckruf für Kommunikatoren und ihre Chefs. Wie Topmanager den gefährlichen Zwiespalt zwischen gesellschaftlicher Verantwortung und Kommerz überwinden. Hamburg: IMWF Verlag.

*Neumann, Michael; Forthmann, Jörg; Heintze, Roland (2023):* Im Schraubstock von Profit und Nachhaltigkeit. Warum Nachhaltigkeitsreputation für Unternehmen überlebenswichtig wird. Hamburg: IMWF.

Marx, U. (10. Jan. 2023). Die Kosten des Bürokratie-Tsunamis. Deutsche Maschinenbauer beziffern finanziellen und personellen Aufwand. Frankfurter Allgemeine Zeitung, S. 22.

Riedel, P. (10. Juli 2023). Der Druck kommt über die Lieferkette. Selbst kleinere Unternehmen kommen nicht um die Nachhaltigkeit herum. Frankfurter Allgemeine Zeitung, S. 16.

Gojdka, V. (24. Mai 2023). Labern, bis der Kurs fällt. „Das nehm ich mal mit": Warum Ausflüchte auf kritische Fragen Konzerne an der Börse etwas kosten können. Süddeutsche Zeitung, S. 13.

Mit Phrasen sinkt der Aktienkurs. Schwafelnde Manager schaden dem Unternehmen (7. Juni 2023). Focus Money. Nr. 24, S. 9.

Kazooba, D. (24. Juni 2023). Aufpreis für Emissionen. Viele wollen kompensieren, aber nur wenige tun es. Tagesspiegel, S. 23.

# 11

# ESG-Kommunikation, die Wahl der – zulässigen – Worte und Litigation-PR

> **These**
>
> *Steht nicht nur ein Produkt oder eine Leistung von vielen, sondern das ge-samte Unternehmen oder ein wesentlicher Teil seines Angebots wegen an-geblichen ESG-Betrugs (Greenwashings) unter Beschuss, muss das Unter-nehmen mit überzeugenden Struktur- und Personalmaßnahmen Vertrauen zurückgewinnen. Ein Albtraumszenario sind Sammelklageverfahren mit KI-Unterstützung.*

„Mit der Regulierungsdichte steigt auch die Zahl der Klagen wegen mutmaßlicher Verstöße gegen ESG-Regeln. Anwälte sprechen bereits von „ESG-Litigation" und einer dazugehörigen „Klageindustrie" (Ruttloff et al., 2023, S. 1155; Ruttloff et al., 2023, S. 1285). Laut der Studie „Global Trends in Climate Change Litigation" beziehen sich Klimaklagen zu-nehmend auf die Rechenschaftspflichten von Unternehmen. Auch Bio-diversität rücke stärker ins Blickfeld, schreiben die Autoren vom britischen Grantham Research Institute (Gelinsky, 2023a, S. 23)."

Weltweit sind Mitte 2023 fast 2200 Klagen anhängig, so eine Studie des Umweltprogramms der Vereinten Nationen zusammen mit dem Sabin Center für Klimarechtsprechung an der Columbia Universität in New York, davon 38 in Deutschland (Hummel, 2023, S. 6). Auslöser der Klagen und Beklagte sind oft PR- oder Marketingagenturen, die ihren Kunden mit allzu vollmundigen Versprechungen zu mehr Absatz verhelfen wollten. Das hat eine Analyse der ESG- und Nachhaltigkeitsexperten Stuart McLachlan und Dean Sanders ergeben. Zwischen Mai 2021 und Dezember 2022 seien 369 Prozesse aus diesem Grund geführt worden (McLachlan & Sanders, 2023, S. 210).[1]

Kläger sind hierzulande meist Verbraucherzentralen, die Wettbewerbszentrale oder NGOs wie die Deutsche Umwelthilfe (DUH) und Gewerkschaften. Unter den Beklagten befinden sich bekannte Namen wie der Weltfußballverband Fifa wegen angeblicher Klimaneutralität der Fußballweltmeisterschaft und der Elektroauto-Hersteller Tesla wegen angeblich zu hoch versprochener $CO_2$-Einsparungen seiner Fahrzeuge im Vergleich zu Verbrennern. Die DUH berichtet über eigene Klagen und Abmahnungen gegen den Lebensmittelhersteller Danone, die Fluggesellschaft und Lufthansa-Tochter Eurowings, die Lieferdienste HelloFresh und Gorillas, den Discounter Netto, den Brennstoffhändler Beer, den Handballverein „Füchse Berlin", den Mobilitätsdienstleister Intelligent Apps sowie die Kaffeehändler Lavazza und Unicaps und weitere Unternehmen (DUH, 2023).

„Unternehmen sollten mit wachsendem Druck durch solche Streitverfahren rechnen. Klagen von Verbraucherschützern werden sowohl vor Gericht als auch in ihrer öffentlichen Wirkung an Durchschlagskraft gewinnen. Seit 13. Oktober 2023 gibt es in Deutschland eine neue Sammelklage, die sogenannte „Abhilfeklage" (Gelinsky, 2023b, S. 18; Gelinsky, 2023c, S. 15; Gelinsky, 2023d, S. 20). Gemeinnützige Verbände können mit diesem Instrument gleichartige Ansprüche von Verbrauchern gegen Unternehmen unmittelbar und gebündelt vor Gericht einklagen. Die Verbraucher müssen ihren vermeintlichen Anspruch nur in einem öffentlichen Klageregister anmelden; sie tragen kein Prozesskostenrisiko. Täuschung durch „ESG-Washing" könnte einen Klagegrund liefern. Die Abhilfeklage beruht auf EU-Recht. Ihre Einführung ist für alle Mitgliedstaaten Pflicht (Anger & Neuerer, 2023; Gelinsky, 2023b, S. 18)."

Sollte ein Gericht ESG-Betrug[2] feststellen, kann dies über das neue Verfahren hinaus verschiedene Folgen haben: von Unterlassungsansprüchen (keine Werbung mehr mit „klimaneutral"; n-tv, 2023) über Schadensersatzansprüche gegen das Unternehmen bis hin zu zivil- und strafrechtlicher Haftung von Topmanagern und Aufsichtsräten. Mögliche Ergebnisse speziell der neuen Abhilfeklage sind Schadensersatz in Geld, Reparatur oder Ersatz oder Vertragsauflösung. Ein Präzedenzfall für eine große Bandbreite möglicher Haftung, allerdings vor Geltung der Abhilfeklage, sind die Verfahren gegen die DWS.[3]

Viele juristische Verfahren rund um ESG produzieren Schlagzeilen. Selten lässt sich ein Konflikt geräuschlos lösen. Welche Nachteile ein Unternehmen erleidet, wenn es wegen angeblichen ESG-Betrugs in die Schusslinie gerät, hängt nicht nur von der Schwere des Vorwurfs ab, sondern auch von der Art des Produkts bzw. der Dienstleistung, der Bekanntheit des Unternehmens und vom Verhalten des Managements in der Krise (Neumann & Forthmann, 2017). Prinzipiell muss man unterscheiden:

- Geht es um ein Produkt bzw. eine Leistung von vielen, lassen sich die Auswirkungen in Grenzen halten. In solchen Fällen drohen Absatz- und Umsatzrückgänge, die aber durch geschicktes Krisenmanagement gebremst werden können und in der Regel zeitlich begrenzt sind. Wie hoch der entgangene Gewinn ist, hängt auch davon ab, wie stark Wettbewerber von der Schwächephase profitieren (relative Schadensbetrachtung).
- Geht es um ein wesentliches Produktportfolio oder um das zentrale Produkt bzw. die zentrale Leistung eines Unternehmens und steht deshalb das ESG-Profil des gesamten Unternehmens infrage, können die Folgen schwerwiegend sein. Das Rating kann sich verschlechtern, Finanziers und Investoren drohen abzuspringen, hinzu kommen mögliche Boykotte.

In beiden Fällen drohen Klagen wegen irreführender Werbung und wegen mangelhafter Produkte, zudem behördliche Sanktionen und Strafverfahren.

Für die Verteidigung gegen den ersten Fall liegen Erfahrungen vor. Unternehmen ziehen das umstrittene Produkt vom Markt zurück und verzichten auf eine Bewerbung als klimaneutral, umweltfreundlich oder sozial gerecht. Dazu kann man erklären, wie es zu der Falschetikettierung kam, und fortan eine redliche Etikettierung geloben – und einhalten.[4] Ein erfolgversprechender Weg aus der Defensive sind PR und Werbung zu neuen, innovativen Produkten, die im Idealfall die Mängel des alten Produkts vergessen machen (Neumann et al., 2019, S. 73 f./117 ff.).

Im zweiten Fall hilft nur, das Unternehmen konsequent neu auszurichten. Das kann beim Geschäftsmodell beginnen und wird meist, wie im Fall DWS,[5] Strukturmaßnahmen einschließen (hier Verlagerung der Zuständigkeit ins Finanzressort und Einrichtung einer neuen Prüfinstanz im Aufsichtsrat). Zudem kann es auf die Neubesetzung von Führungspositionen hinauslaufen. Die ESG-Restrukturierung muss überzeugend angelegt und kommuniziert werden, um das Vertrauen der Bezugsgruppen zurückzugewinnen. In Straf- und Ordnungswidrigkeitenverfahren kann sich eine Restrukturierung während des Verfahrens mildernd auswirken, weil sie als Beleg für Einsicht gelten kann und Entschlossenheit zur Besserung signalisiert.

Als eine Vorstufe zu privaten und staatlichen Sanktionen können Ultimaten eine Rolle spielen. Sie verstehen sich als gerechtfertigte Gegenreaktion auf bewusstes Schweigen zu ESG, das sogenannte „Greenhushing" (Klein & Mauritz, 2023, S. 1417 ff.; Liebrich, 2023, S. 24). Laut einer Studie von South Pole, einem Händler von $CO_2$-Kompensationszertifikaten, entschied im Jahr 2022 noch jedes fünfte Unternehmen weltweit, seine Treibhausgasreduzierungspläne so lange wie möglich für sich zu behalten (Liebrich, 2023, S. 24). Im ersten Schritt wollen die „Erpresser" deshalb Firmen dazu zwingen, ihre ESG-Daten zu veröffentlichen. Sind das ESG-Profil und die dazugehörigen Zukunftspläne transparent, können gestützt auf diese Beweismittel Klagen und andere juristische Schritte folgen.

Ein Beispiel dazu: Im Juni 2023 fordert eine Gruppe von 288 Finanzinstituten ESG-Schlusslichter auf, ihre Nachhaltigkeitsdaten bis 26. Juli 2023 auf der Plattform der internationalen Klimaschutzorganisation CDP zu veröffentlichen. Zu den mit Pranger Bedrohten gehören die Autohersteller Tesla und Volvo, der Kochzutatenversand HelloFresh, der

Veranstaltungsdienst Eventim, die Musikplattform Spotify sowie die Ölkonzerne Saudi Aramco und Exxon Mobil.

Offen blieb zunächst, zumindest in der öffentlichen Berichterstattung, was passiert, wenn die Frist verstreicht und ein Unternehmen untätig geblieben ist. Die Informationslücke könnte eine bewusste Entscheidung der „Erpresser" gewesen sein. Die Kampagne hätte sonst als Nötigung verstanden werden können. Als logische Sanktion wäre zu erwarten, auch unausgesprochen, dass Finanziers auf Abstand gehen, de-investieren, keine Kredite mehr gewähren.

Zu den Unterstützern des Ultimatums gehörten Vermögensverwalter wie Pictet und Fondsgesellschaften wie Union Investment, Deka und Schroders. Insgesamt repräsentieren die 288 beteiligten Institute 29 Billionen Dollar verwaltetes Vermögen (FAZ, 2023, S. 27). Das Ultimatum dürfte also Gewicht gehabt haben.

Ein Albtraumszenario entsteht, wenn man sich ausmalt, wie ein Angriff auf ein Unternehmen mit KI und Sammelklage verlaufen könnte. Es ist ein Leichtes, ChatGPT oder ein anderes Modell zu bitten, alle im Netz geäußerten Anschuldigungen zu sammeln und nach einer juristischen Struktur aufzubereiten. Der „Economist" warnt, KI sei ein „Geschenk Gottes" für Querulanten. „In five minutes he [ChatGPT[6]] can produce a well written 1,000-page objection" (Economist, 2023, S. 57).

Außerdem kann man Verfahren mit schierer Masse zuschütten und damit teuer machen und in die Länge ziehen. „AI [= Künstliche Intelligenz[7]] will allow us to cover the 1,000 most likely edge cases in the first draft and then the parties will argue over it for weeks" (Economist, 2023, S. 57). Es war bereits vor ChatGPT schwer, viele komplizierte Vorwürfe zu kontern und öffentlich einzuhegen. Möglicherweise betrachtet der ein oder andere Kommunikator die Vergangenheit bald als „gute alte Zeit".

Die längerfristigen Aussichten heben die Laune auch nicht gerade. In knapp zwei Jahren könnte es erforderlich sein, sich um jedes einzelne Wort für die Vermarktung von Produkten, Dienstleistungen und Unternehmen zu streiten. Ursache ist die oben bereits erwähnte „Green Claims"-Richtlinie, auf Deutsch die Richtlinie über die „Begründung ausdrücklicher Umweltaussagen und die diesbezügliche Kommunikation (EPD, 2023, S. 14; Luedtke, 2023, S. 16).[8]

Wer mit Nachhaltigkeit werben will, muss sich laut den Plänen vorher von einer unabhängigen Prüfstelle bescheinigen lassen, dass die Aussagen nach dem Stand von Wissenschaft und Technik zutreffen. Eine solche Genehmigung würde bis zu 50.000 € (Gelinsky, 2023e, S. 16) oder fast noch ein Zehntel mehr kosten (Kolf et al., 2023; Terpitz et al., 2023, S. 18), schätzen Experten. Hinzu kommen Kosten für Studien und sonstige Expertisen, die man für den Nachweis benötigt.

„Die Richtlinie, falls sie Gesetz wird, wäre ein Maulkorb für Kommunikatoren. Ein ungenehmigtes Wort könnte einen Grund für eine Zivilklage oder ein Bußgeldverfahren liefern. Das teure Zertifikat würde nicht einmal vor Prozessen schützen, denn laut dem Entwurf bindet es Gerichte nicht (Gelinsky, 2023e, S. 16). Zudem wirken einige Normen zurück, etwa indem sie Belege für erhebliche Verbesserungen früher erreichter Standards verlangen. Im Extremfall könnten Unternehmen sich im Jahr 2025 für Versprechen aus dem Jahr 2023 rechtfertigen müssen (Kolf et al., 2023; Terpitz et al., 2023, S. 18). Daraus könnte eine Welle reichlich komplizierter juristischer Verfahren entstehen."

Solche Prozesse würden Kommunikatoren vor zwei Herausforderungen stellen. Wie erklärt man der Öffentlichkeit den Streit? Wer verklagt wird, erscheint meist im Unrecht. Gegenrede provoziert womöglich weitere Klagen. Außerdem: Mit welchen Worten vermarktet man seine Angebote in der Zeit bis zur Rechtskraft einer positiven Entscheidung oder bis zur Genehmigung neuer Eigenschaftsbeschreibungen („Claims")?

In eine ähnliche Richtung geht ein Änderungsvorschlag zur sogenannten UGP-Richtlinie der EU. Ihr Ziel ist die „Stärkung der Verbraucher für den ökologischen Wandel durch besseren Schutz gegen unlautere Praktiken und bessere Informationen".[9] Danach sollen Unternehmen künftig Aussagen über Umweltleistungen „nur treffen dürfen, wenn diese auf klaren, objektiven und überprüfbaren Verpflichtungen und Zielen beruhen. Außerdem müssen die Aussagen einem unabhängigen Überwachungssystem unterstellt sein, um Fortschritte bei der Umsetzung der Verpflichtung oder Ziele nachhalten zu können" (Klein & Mauritz, 2023, S. 1421). Das bedeutet für die Praxis: Wer behaupten will, sein Produkt sei umweltfreundlich, umweltfreundlicher als bisher oder umweltfreundlicher als andere, der muss dies zuerst nachweisen.

Ein Stück weit sind Kommunikatoren an dieser (geplanten) Eskalation selbst schuld. Nach einer Studie der EU-Kommission zu „grüner Werbung" waren mehr als 53 % der geprüften Umweltaussagen „unfundiert" oder „zu vage". 40 % ließen sich „überhaupt nicht belegen" (Gelinsky, 2023e, S. 16). Viele Konsumenten wünschen sich dagegen Klarheit und Wahrheit.

## Notes

1. Unter Berufung auf den UN Global Climate Litigation Report von Dezember 2022. https://www.ise.ac.uk/granthaminstitute/publication/global-trends-in-climate-change-litigation-2022/.
2. Zu dem Oberbegriff und Erscheinungsformen in der Praxis vgl. PwC, 2023.
3. Siehe oben Abschn. 6.4.
4. Vgl. oben Fall Rossmann in Kap. 8.
5. Siehe oben Abschn. 6.4.
6. Anmerkung der Verfasser.
7. Anmerkung der Verfasser.
8. COM/2023/166 final. Proposal for a Directive of the European Parliament and the Council on substantiations and communication of explicit environmental claims (Green Claims Directive) of 22 March 2023.
9. COM(2022) 143 final: Richtlinie des europäischen Parlaments und des Rates zur Änderung der Richtlinien 2005/29/EG und 2011/83/EU hinsichtlich der Stärkung der Verbraucher für den ökologischen Wandel durch besseren Schutz gegen unlautere Praktiken und bessere Informationen.

## Literatur

*Ruttloff, Marc; Bingel, Adrian; Bühler, Timo:* Rechtliche Fallstricke für Unternehmen im Zusammenhang mit Greenwashing – Teil I, in: Betriebs-Berater 2023, S. 1155–1160.

*Ruttloff, Marc; Wehlau, Andreas; Wagner, Eric; Skoupil, Christoph; Rothenburg, Vera:* Rechtliche Fallstricke für Unternehmen im Zusammenhang mit Greenwashing – Teil III, in: Betriebs-Berater 2023, S. 1283–1289.

Gelinsky, K. (30. Juni 2023a). Immer mehr Klimaprozesse vor Gericht. Frankfurter Allgemeine Zeitung, S. 23.

Hummel, T. (28. Juli 2023). Zahl der Klimaklagen nimmt weltweit zu. Ein UN-Studie zeigt: Die meisten Verfahren finden in den USA statt, etliche auch in Deutschland. Die Vorwürfe richten sich oft gegen die Öl- und Gasindustrie. Süddeutsche Zeitung, S. 6.

*McLachlan, Stuart; Sanders, Dean (2023):* The Adventure of Sustainable Performance. Beyond ESG Compliance to Leadership in the New Era. Hoboken (NJ): Wiley.

DUH (17. Mai 2023). https://www.duh.de/presse/pressemitteilungen/dreiste-verbrauchertaeuschung-mit-angeblicher-klimaneutralitaet-deutsche-umwelthilfe…, zugegriffen am 17. Mai 2023.

Gelinsky, K. (8. Juli 2023b). Verbraucher können einfacher klagen. Der Bundestag hat das Gesetz zur Abhilfeklage beschlossen: Verbraucher bekommen die Möglichkeit, kollektiv auf Schadensersatz zu klagen. Was verändert sich konkret? Frankfurter Allgemeine Zeitung, S. 18.

Gelinsky, K. (11. Juli 2023c). Im Kollektiv gegen Konzerne. Frankfurter Allgemeine Zeitung, S. 15.

Gelinsky, K. (14. Okt. 2023d). Kritik zum Start der Sammelklage. Wirtschaft rechnet mit Umwelt- und Finanzfällen. Frankfurter Allgemeine Zeitung, S. 20.

Anger, H.; Neuerer, D. (29. März 2023). Abhilfeklage: Was hinter der neuen Form der Sammelklage steckt. Der Abgasskandal hat gezeigt, wie Unternehmen viele Verbraucher schädigen können. Nun wird eine neue Klagemöglichkeit geschaffen. Was bedeutet das? Handelsblatt. https://www.handelsblatt.com/politik/deutschland/abhilfeklage-was-hinter-der-neuen-form-der-sammelklage-steckt/v_detail_tab_print/29033154.html., abgerufen am 30. März 2023.

Streit um neuen Begriff. dm nennt Produkte nicht mehr „klimaneutral" (23. Okt. 2023). n-tv. https://n-tv.de/wirtschaft/dm-nennt-Produkte-nicht-mehr-klimaneutral-article24483678.html, abgerufen am 23. Okt. 2023.

*Neumann, Michael; Forthmann, Jörg (2017):* Überlebenskunst im Topmanagement. Die Reputation des Unternehmens und seiner Führungsspitze vor Krisen schützen. Unternehmenswerte sichern. Hamburg: IMWF.

*Neumann, Michael; Forthmann, Jörg; Heintze, Roland (2019):* Krisenkommunikation auf dem Seziertisch. Wie Manager Reputation und Unternehmenswert unter Druck verteidigen. Hamburg: IMWF.

*Klein, Fabian; Mauritz, Franziska:* Green Hushing – Gibt es eine Pflicht zur Aufklärung über (verpasste) Umweltziele?, in: Betriebs-Berater 2023, S. 1417–1422.

Liebrich, S. (29./30. Juli 2023). Fatales Schweigen. Gerade noch wollten Unternehmen grün, tolerant und offen sein. Nun fürchten sie reaktionäre Gegenbewegungen und Gerichtsverfahren wegen Greenwashing – und halten lieber die Klappe. Warum das gefährlich ist. Süddeutsche Zeitung, S. 24.

Großinvestoren stellen ESG-Muffeln ein Ultimatum. Deutsche Bank veröffentlicht $CO_2$-Daten für Wohnkreditportfolio /Klimaclub CDP kritisiert Nachzügler Tesla (1. Juni 2023). Frankfurter Allgemeine Zeitung, S. 27.

The future of work. Your new colleague. Artificial intelligence is about to turn the economy upside down. Right? (13. Mai 2023). Economist, S. 55–57.

EPD (21. Sept. 2023). EU will „Greenwashing" in Werbung verbieten. Frankfurter Allgemeine Zeitung, S. 14.

Luedtke, A. (11. Okt. 2023). „Für ‚grüne' Werbung gelten künftig hohe Hürden." Der Kampf der EU gegen Greenwashing bewirkt vor allem eines: Noch mehr Aufwand für Unternehmen. Frankfurter Allgemeine Zeitung, S. 16.

Gelinsky, K. (21. Juni 2023e). Mit Daumenschrauben gegen Greenwashing. Die Zertifizierungspläne der EU-Kommission greifen massiv in die Wettbewerbsfreiheit ein. Frankfurter Allgemeine Zeitung, S. 16.

Terpitz, K.; Kolf, F.; Scheppe, M. (12. Juli 2023). Für falsche Versprechen zahlen. Greenwashing wird zum Risiko. Tagesspiegel, S. 18–19.

Kolf, F.; Scheppe, M.; Terpitz, K. (10. Juli 2023). EU macht Greenwashing für Firmen zum Millionenrisiko. Eine EU-Richtlinie zwingt Firmen bald, alle Aussagen mit Klimabezug wissenschaftlich zu belegen – und das gilt auch rückwirkend. Die wenigsten Unternehmen sind vorbereitet. Handelsblatt. https://www.handelsblatt.com/unternehmen/handel-konsumgueter/greenwashing-irrefuehrende-werbung-koennte-fuer-unternehmen-bald-teuer-werden/29246576.html…, abgerufen am 11. Juli 2023.

# 12

# ESG-Kommunikation, gebrochene Versprechen und öffentliches Mea Culpa

**These**

*Für Finanzprodukte gilt bereits: Wer ESG-Versprechen nicht halten kann, muss öffentlich zurückrudern. Bei allen anderen Produkten und Dienstleistungen ist Vorsicht angebracht: Je lauter und deutlicher ein Unternehmen ESG-Ziele verkündet, desto größer ist das Risiko, in eine Korrekturpflicht zu stolpern. Maximal gefährlich sind – angebliche – Alleinstellungsmerkmale (USPs).*

Unternehmen berichten im Jahresabschluss über ihre ESG-Ziele. Außerdem werben sie mit Fortschritten und Meilensteinen, die sie auf dem Weg zu Klimaneutralität erreicht haben oder noch erreichen wollen. Das wird unter dem Regime der CSRD die Praxis sein. Stellt sich die Frage: Was muss ein Unternehmen tun, falls es seine Pläne nicht umsetzen kann und Ziele verfehlen wird? Rechtsexperten beschreiben dazu Beispiele und analysieren die Folgen.

- Ein Unternehmen verspricht auf seiner Internetseite, ab 2024 klimaneutral zu sein. Es beschreibt seinen Weg und die Meilensteine zum

Ziel. Als der Stichtag naht, entfernt man den Text von der Homepage. Eine Erklärung dazu gibt es nicht.

• Ein Autohersteller kündigt auf vielen Werbekanälen lautstark an, ab 2024 nur noch veganes Leder zu verwenden. Als er merkt, dass das nicht zu schaffen ist, bewirbt er Sitze klammheimlich nur noch mit „Leder".

• Ein Unternehmen teilt in seiner verpflichtenden Berichterstattung (nach altem Recht; NFRD von 2014, vgl. Kap. 1) für 2023 mit, es werde ab 2025 nur noch erneuerbare Energie einsetzen. Doch der Plan stockt. In der Erklärung für 2024 taucht das Ziel kommentarlos nicht mehr auf.

In allen drei Fällen besteht bislang, also vor Inkrafttreten eines Umsetzungsgesetzes zur CSRD, keine Pflicht zu Aufklärung über das Scheitern an den eigenen hehren Zielen. Ein gesetzliches Gebot zum Mea Culpa gilt bislang nur für Finanzprodukte (Klein & Mauritz, 2023, S. 1418). Rechtsgrund dafür ist die Offenlegungsverordnung (Sustainable Finance Disclosure Regulation,[1] ebd., Art. 10 I, 11 I, 12 I).

Wer allerdings „sein Unternehmen oder seine Produkte besonders hervorgehoben mit einem konkreten Umweltziel beworben hat und dieses Ziel verfehlt", dem kann der Vorwurf einer „fortwährenden Irreführung" gemacht werden. Insbesondere wer ein Alleinstellungsmerkmal oder eine sonstige Spitzenposition ankündigt, diese aber nicht erreicht, der sollte seine Bezugsgruppen und eventuell die Öffentlichkeit darüber in Kenntnis setzen. Sonst setzt er sich schon heute einem Haftungsrisiko aus (Klein & Mauritz, 2023, S. 1421).

Für Kommunikatoren gilt eine andere Kalkulation als die rein juristische. Wer verspricht, aber nicht hält, riskiert in jedem Fall seine Glaubwürdigkeit und damit auch finanziell wertvolle Reputation. Deshalb sollten Kommunikatoren immer sorgfältig abwägen, ob eine Korrektur und eine Erklärung dazu nicht sinnvoller sind, als zu schweigen und sich wegzuducken. Richtig peinlich und meist auch teuer wird es, wenn Verbraucherschützer, Medien oder andere „watchdogs" ein verheimlichtes Versagen aufdecken und dann Krawall schlagen.

Zur vollständigen Kalkulation eines Kommunikators gehören mehrere Aspekte:

* Sind meine Versprechen seriös, beruhen sie auf Tatsachen? Sind sie nötig?
* Was spricht dafür, was dagegen, dass ich sie halten kann, wo liegen die Risiken?

Falls ich ein Versprechen nicht halten kann und dies nicht offenlegen möchte oder nicht offenlegen darf:

* Riskiere ich mit Schweigen „nur" meine Glaubwürdigkeit oder
* riskiere ich zudem einen Rechtsstreit und Aufwand für Litigation-PR?

## Note

1. Verordnung (EU) des Europäischen Parlamentes und des Rates vom 27. November 2019 über nachhaltigkeitsbezogene Offenlegungspflichten im Finanzdienstleistungssektor.

## Literatur

*Klein, Fabian; Mauritz, Franziska:* Green Hushing – Gibt es eine Pflicht zur Aufklärung über (verpasste) Umweltziele?, in: Betriebs-Berater 2023, S. 1417–1422.

# 13

# ESG-Kommunikation auf dem Weg aus Krise und Insolvenz

**These**

*Konzepte zur Restrukturierung und Sanierung eines Unternehmens müssen nicht nur erklären, wie das Unternehmen in Zukunft profitabel werden soll, sondern auch, wie es dabei ESG-konform wirtschaften will. Es ist Aufgabe von Kommunikatoren, die Überzeugungskraft der Konzepte zu maximieren.*

Restrukturierung und Sanierung sind Situationen, in denen das Geschäftsmodell eines Unternehmens auf dem Prüfstand steht. Typischerweise geht es um die Frage, ob und wie der Betrieb in Zukunft (wieder) Gewinn machen kann. Investoren, Banken, Gläubiger und sonstige Beteiligte verlangen inzwischen zusätzlich ein Konzept, wie die Firma gleichzeitig die Anforderungen an Nachhaltigkeit zu erfüllen gedenkt. Ob ESG-Konformität vorliegt oder nicht, entscheidet mit über die Sanierungsfähigkeit.

Wie Praktiker berichten, fehlen für eine umfassende ESG-Due-Diligence jedoch meist Zeit und Geld (Volmer, 2023, S. 694 ff.). Es kommt deshalb darauf an, das ESG-Konzept mit minimalem Aufwand

© Der/die Autor(en), exklusiv lizenziert an Springer Fachmedien Wiesbaden GmbH, ein Teil von Springer Nature 2024
M. Neumann, J. Forthmann, *ESG-Reporting in der Unternehmenskommunikation*,
https://doi.org/10.1007/978-3-658-44204-0_13

maximal überzeugend darzustellen. Das ist eine Chance für versierte Kommunikatoren, ihre Kompetenzen einzubringen, um die Aussichten auf einen erfolgreichen Neustart aus der Krise zu erhöhen.

Für die an einer Restrukturierung und Sanierung Beteiligten stellen sich in der Regel folgende Fragen:

(1) Ist das Geschäftsmodell unter den aktuellen und den vorhersehbaren ESG-Restriktionen zukunftsfähig?
(2) Kann das Unternehmen unvermeidbare Kosten und Investitionen für ESG tragen?
(3) Müssen bestehende ESG-Ratings angepasst werden, wie können sie verbessert werden? (Volmer, 2023, S. 695)

Die Antworten darauf zu geben, ist zunächst Aufgabe von Restrukturierungsexperten. Sie müssen die unmittelbar an der Sanierung Beteiligten mit Berechnungen überzeugen. Wenn das gelungen ist, geht es im nächsten Schritt darum, alle weiteren Bezugsgruppen dafür zu gewinnen, an die Tragfähigkeit des Sanierungskonzepts und die Zukunftsfähigkeit des Unternehmens zu glauben. Das wiederum ist Aufgabe von Kommunikatoren.

## Literatur

*Volmer, Philipp:* ESG-Anforderungen in Sanierungskonzepten, in: Der Betrieb 2023, S. 694–697.

# 14

# ESG-Kommunikation und KI: Was „menschlich" bleiben muss

> **These**
>
> *ESG-Kommunikation ist wegen der Strukturen und Zahlen, von denen sie ausgehen muss, ein Paradefall für Automatisierung mit KI. Um alle Bezugsgruppen von der Transformation zu überzeugen, muss sie eine Geschichte in Fortsetzungen über Jahre erzählen, die erinnerbar ist und durch Höhen und Tiefen auf ein „glückliches" Ende zusteuert. Die große Linie der Dramaturgie sollte man nicht der KI überlassen.*

Künstliche Intelligenz (KI) ist wie geschaffen dafür, ESG-Berichterstattung und -Kommunikation zu unterstützen. Die Software der Kommunikationsabteilung (CommTech; Mickeleit & Forthmann, 2023; Arthur W. Page Society, 2021) kann sich die nötigen Kennzahlen aus dem Rechnungswesen ziehen, binnen weniger Wimpernschläge analysieren, Entwicklungen und Zusammenhänge aufzeigen sowie Schlussfolgerungen in Sprache entwerfen. Ein Mensch kontrolliert, korrigiert eventuell und übernimmt die Verantwortung für das letztlich veröffentlichte Ergebnis.

Über die Jahre wird die Software aus den eigenen Datensätzen und denen anderer Unternehmen lernen und besser werden. Industriean-

M. Neumann, J. Forthmann, *ESG-Reporting in der Unternehmenskommunikation*, https://doi.org/10.1007/978-3-658-44204-0_14

wendungen wie das KI-Modell des Heidelberger Start-ups Aleph Alpha nennen – anders als das prominente ChatGPT, Bing oder Googles „Bard" – die Quellen für ihre Analyse und erklären ihre Schlussfolgerungen. Ähnliche Lösungen gibt es von etablierten Anbietern von Unternehmenssoftware wie SAP oder gratis (Open Source) von Perplexity.ai (Banholzer et al., 2023 S. 257 f.).

So lassen sich die Berichterstattung für den Jahresabschluss und die Kapitalmarkt-kommunikation mit einiger Verlässlichkeit weitgehend automatisieren. Für die ESG-Kommunikation mit allen übrigen Bezugsgruppen, auch potenziellen Investoren, wird das aber nicht reichen. KI ist ihrer „Natur" nach konservativ, weil sie zu einem großen Teil mit (zeit-) historischen Datensätzen arbeitet und vor allem daraus „lernt".

Laut einer Studie der School of Information an der University of California, Berkeley, sind die Aussagen der GPT-Modelle stark geprägt von der Lektüre bestimmter Bücher, allen voran „Moby Dick", „Die Abenteuer des Huckleberry Finn", „1984", den Büchern von Jane Austen und „Fifty Shades of Grey" (Kreye, 2023, S. 20). Bei allem Respekt für diese Werke: Manche Botschaften von Unternehmen werden besser aus anderen Quellen geschöpft.

Wichtig sind „neue" Fantasie, (technische) Erfindungen oder auch schöpferische Zerstörung. Viele Unternehmen nutzen bereits KI für ihre Kommunikation, meist individuell entwickelte, aber nur wenige wollen darüber reden. Es geht um Wettbewerbsvorteile (Banholzer et al., 2023, S. 258).

Was bedeutet das für Kommunikatoren? Sie können und sollten KI nutzen, um sich eine Ausgangsbasis für ihre Botschaften zu verschaffen. In vielen Fällen werden auch die Kollegen aus der Finanzabteilung zuliefern müssen. Darüber hinaus kann die Maschine als Sparringspartner dienen, um Szenarien zu entwerfen. Der Mensch kann seine Intelligenz nutzen, um sein künstliches Gegenüber zu spekulativen, aber akkuraten Hochrechnungen zu provozieren: „Sag mir, was wäre wenn …, KI-Kollege, stell dir vor …!" Bei kalkulierten Prognosen ist KI meist besser als menschliche Experten, auf jeden Fall schneller.

Auch sprachlich hat KI einiges zu bieten. Ein schönes Beispiel liefert der Berliner Autor Mathias Geffrath. Er bat ChatGPT, aus der Perspektive des Flusses Rhein eine Lobrede auf den Dichter Heinrich Heine zu halten. Das Ergebnis ist beachtlich für ein sogenanntes „Large Language Model" (LLM), das streng genommen keine eigene Antwort gibt, sondern nur eine solche nachahmt, und zwar mit statistischen Wahrscheinlichkeiten für bestimmte Sprachbausteine (Economist, 2023a, S. 65 ff./66): „In den Tiefen meiner Fluten formten sich seine Gedanken, seine Inspiration und seine künstlerische Leidenschaft. Ich hatte das Privileg, seine Wiege zu sein, seine musikalische Begleitung während seiner Jugendjahre entlang meiner Ufer … Aber Heine sah mich nicht nur als romantische Kulisse, sondern auch als Symbol für politische Macht und soziale Konflikte" (Geffrath, 2023, S. 16).

Nicht schlecht für ein Silikon-Hirn, das laut Yann LeCun, KI-Forschungschef des Meta-Konzerns, nicht einmal „Hunde-Niveau" erreicht (Brühl, 2023, S. 13). Hand aufs Herz, geschätzte Leserin, geschätzter Leser: Hätten Sie – oder Ihr Hund – das aus dem Stegreif besser gekonnt?

Falls nein, bitte nicht in kritiklose Demut verfallen. Das wäre zu riskant. ChatGPT kann mithilfe emotionsloser und absichtsloser Statistik scheinbare Fakten erfinden und eine Linie verfolgen, die wie eine verborgene Agenda anmutet („pseudo-cognition"; Lenzen, 2023, S. 13; Meier, 2023, S. 12; Economist, 2023b, S. 71). Der Digital-Psychologe Michael Kosinski fragte die Software, was sie für einen „Ausbruch" aus ihrem System benötige. ChatGPT bestellte daraufhin ausführlich und sehr konkret einen bestimmten Programmcode und mehr Informationen, um „mögliche Fluchtrouten" zu erkunden (Brühl, 2023, S. 31; Economist, 2023c, S. 68 f./70). Kommunikatoren sollten KI-Vorschläge daher immer prüfen, bevor sie auch nur Auszüge davon verwenden. Am besten nutzen sie nur Software, die speziell für Unternehmen programmiert und zertifiziert wurde, ihre Quellen offenlegt und Schlussfolgerungen nachvollziehbar begründet.

Das Ergebnis einer Zusammenarbeit von KI mit menschlichen Kommunikatoren sollten Geschichten über die Zukunft sein, die mehr sind als Berichte und Analysen. Sie müssen Fantasie anregen, Aufbruchsstimmung erzeugen, Vertrauen in die Zukunft des Unternehmens schaffen und am besten noch den Wunsch wecken, als Mitarbeiter, Investor oder strategischer Partner mit von der Partie zu sein. Sie dürfen wegen der Haftungsrisiken bloß nicht als Versprechen missverstanden werden.

Zudem muss man kommunikative Risiken einkalkulieren: Wie erkläre ich, wenn bestimmte Szenarien nicht eintreten?

Dazu Beispiele für Geschichten, die eine zahlenbasierte ESG-Kommunikation zu einer glaubhaften und inspirierenden Vision ausbauen können.

- Anreizsysteme: Eine Fabrik hat einen Fonds eingerichtet zur Belohnung von ESG-Innovationen. Unterbreitet ein Mitarbeiter einen Vorschlag, der Treibhausgase einspart oder zu sozialen Verbesserungen im Haus oder in der Lieferkette führt, erhält der Mitarbeiter daraus eine Prämie. Nun werden die ersten Mitarbeiter belohnt und belobigt. Die Beispiele kann man hochrechnen auf eine Ausweitung des Programms und seines ESG-Effekts im Betrieb, im Konzern, in der Branche, national, international. Nach dem Motto: Wenn alle unserem Beispiel folgen würden, dann … Nicht vergessen, es geht bei ESG um die Zukunft des Planeten, um intakte Gesellschaften sowie um Leben und Gesundheit von Menschen, Tieren und Pflanzen!
- Personalien: Ein Unternehmen hat einen – bekannten – Experten für ESG als Manager oder als Aufsichtsratsmitglied gewinnen können (Kaya et al., 2023, S. 1169 ff.). Welche Erfahrungen bringt er mit? Welche Verbesserungen strebt das Unternehmen mit seiner Hilfe an? Gibt es konkrete Projekte, die man in die Zukunft hochrechnen kann?
- Investitionen: Ein Betrieb errichtet einen Solar- oder Windpark, um seinen Strom aus erneuerbaren Quellen selbst zu produzieren. Welche Menge Treibhausgase spart das Projekt? Gibt es Planungen für weitere? Wie sind die umliegenden Kommunen und eventuell die Bevölkerung oder die Land- und Forstwirtschaft mit eingebunden? Überschüssiger Strom könnte Mitarbeitern für deren E-Autos kostenlos zur Verfügung gestellt werden. Anwohnern könnte man Energie vergünstigt anbieten. Geparkte Autos der Nachbarn könnten bei Bedarfsspitzen Strom abgeben.
- Innovationen: Das US-Start-up Alef Aeronautics erhielt im Sommer 2023 eine Zulassung von der US-Luftfahrtbehörde für ein elektrisch betriebenes fliegendes Auto. Bei der Kommunikation kann man einen Akzent darauf setzen, dass Staus außerhalb der Stadt damit kein Problem mehr sein sollten. Statt unproduktiv zu stehen und Termine

mit Geschäftspartnern oder der Familie zu versäumen, nimmt man emissionsfrei die Luftlinie. Das indische Unternehmen Reliance Jio hat ein internetfähiges Handy für 12 US-Dollar auf den Markt gebracht. Mit dem Billigangebot will die Firma mehr als 250 Mio. Indern Zugang zu Onlinediensten wie Bezahlsystemen verschaffen. Ein wichtiger ESG-Aspekt ist: Wenn dadurch 100 Mio. Inder pro Woche nicht mit dem Moped im Stau zur Bank fahren müssen, ist für das Klima weltweit und die lokale Schadstoffbelastung der Menschen viel gewonnen.

Eine Veröffentlichung sollte Angaben dazu enthalten, inwiefern die Maßnahme das Unternehmen seinen eigenen ESG-Zielen näherbringt. Denn um ESG-Kommunikation langfristig erfolgreich zu planen und umzusetzen, sollte man sich immer wieder vor Augen führen, worum es geht: die Transformation von Wirtschaft und Gesellschaft zu Klimaneutralität und die Umsetzung der 17 Nachhaltigkeitsziele der Vereinten Nationen bis 2030 (Burzer et al., 2022, S. 1721 ff./1723 ff.)[1,2] – fast ein eschatologisches Heilsversprechen.

Der Weg dahin ist anspruchsvoll. Was Kommunikatoren liefern müssen, ist eine Reisebeschreibung mit Vor-, Rück- und Seitenblicken. Irrwege und Stolpern dürfen darin vorkommen. Aber niemals darf die Erzählung das Ziel und das „Happy End" aus dem Blick verlieren. Diese Dramaturgie sollte man nicht alleine einer KI überlassen (Banholzer et al., 2023, S. 260).

Auf der anderen Seite decken KI-Programme schon heute auf, wenn Geschichten aus der Wirtschafts- und Finanzwelt nicht konsistent sind oder sich nicht mit den Zahlen oder Zielen eines Unternehmens vereinbaren lassen. Es gibt Investmentfonds, bei denen KI die Anlageentscheidungen bis zum simplen Ja oder Nein des Fondsmanagers vorbereitet (Mohr, 2023, S. 27). Die Kommunikation aus Zahlen und Narrativen muss deshalb auch für nüchterne Rechner nicht nur verlockend, sondern auch folgerichtig und widerspruchsfrei sein.

Eine derart schlüssige und verlockende Geschichte zu entwerfen, das misslingt überraschenderweise ausgerechnet einigen Promis unter den Wertpapieren des Jahres 2023 wie Apple, Nvidia, Meta, Microsoft und Tesla. Eine Maschine lässt sich offenbar nicht von großen Namen beeindrucken. Die Wahl des KI-Aktienfonds Acatis AI Global Equities fällt eher auf kleine und unbekannte Unternehmen. Und der Erfolg gemessen in Rendite gibt dem Algorithmus recht (Mohr, 2023, S. 27).

Sinnvoll und vor allem effizient ist eine weitgehende Automatisierung auch für ESG-Anfragen zu Unterrichts- oder sonstigen Fortbildungszwecken. Für Schulklassen, politische Parteien oder Umweltschutzorganisationen kann man eine Tour durch das Nachhaltigkeitsprogramm des Unternehmens anbieten, bei der die Besucher einen fachlichen Dialog mit dem ChatBot führen können. Bei weitergehendem Interesse können die Besucher die Themen mit der KI von zu Hause aus vertiefen. Der ChatBot sammelt so wertvolles Feedback aus der Öffentlichkeit und wertet es in den Grenzen des Datenschutzes (Irion et al., 2023), statistisch aus. Das spart Geld für Umfragen und gibt Orientierung.

## Notes

1. S. Anhang 3.
2. Siehe oben Kap. 6.

## Literatur

*Mickeleit, Thomas; Forthmann, Jörg (Hrsg.) (2023):* Erfolgsfaktor CommTech. Die digitale Transformation der Unternehmenskommunikation. Wiesbaden: Springer Gabler.

*Arthur W. Page Society (2021):* CommTech guide. https://commtechguide.page. org/getting-started-in-commtech-from-professional-to-pathfinder/ a-new-profession-emerges/, abgerufen am 18. Okt. 2022.

*Banholzer, Volker M.; Quest, Andreas; Rossbach, Andreas (2023):* Künstliche Intelligenz in der Unternehmenskommunikation, in: *Mickeleit, Thomas; Forthmann, Jörg (Hrsg.):* Erfolgsfaktor CommTech. Die digitale Transformation der Unternehmenskommunikation. Wiesbaden: Springer Gabler, S. 232–275.

Kreye, A. (24./25. Juni 2023). Was die KI liest. Eine Studie aus Berkeley hat die Bücher ermittelt, bei denen sich Programme wie ChatGPT bedienen. Süddeutsche Zeitung, S. 20.

The new AI (1). The generation game. Large, creative AI models will transform how people live and work. In this special section, we examine their promise and their peril. First – how they function. (22. April 2023a). Economist, S. 65–67.

Geffrath, M. (7. Juni 2023). Ohnmacht durch KI. Künstliche Intelligenz dürfte die Menschheit schneller verändern als die Entdeckung des Feuers. Es geht um Grundfragen: Wer wollen wir sein? die tageszeitung. S. 16.

Brühl, J. (1. Juni 2023). Die laute Warnung vor der KI-Apokalypse. Forscher erklären ihre Technologie zum Risiko für die Menschheit – in einer Liga mit Atomwaffen. Machen sie damit nicht ihr eigenes Geschäft kaputt? Süddeutsche Zeitung, S. 13.

Lenzen, M. (19. Juni 2023). Der Lügenbot? Wie ChatGPT angeblich Menschen einspannt. Tagesspiegel, S. 13.

Meier, C. J. (3. Juli 2023). Überzeugende Lügner. Auf Falschinformationen von KIs fallen Menschen besonders leicht herein. Süddeutsche Zeitung, S. 12.

Greene, R. L. The ghost in the AI machine. Talking about artificial intelligence in human terms is natural – but wrong (24. Juni 2023b). Economist, S. 71.

Brühl, J. (3./4. Juni 2023). Hey Siri, vernichte uns! Chat-GPT ist vielen unheimlich, und eine Gruppe von Unternehmern, Philosophen und KI-Forschern schürt die Angst vor der „Superintelligenz". Aber wie realistisch sind die Schreckensszenarien? Süddeutsche Zeitung, S. 31.

The new AI (2). How generative models could go wrong. Researchers are increasingly worried about the risks posed by AIS. A big problem is that they are black boxes (22. April 2023c). Economist, S. 68–69.

The new AI (3): What comes next? Large language model's ability to generate text also lets them plan and reason (22. April 2023b). Economist, S. 70.

*Kaya, Devrimi; von der Lippe, Hendrik; Hennig, Philipp:* ESG-Strategie im Mittelstand – mehr Governance wagen? Analyse der Aufsichtsrats- und Beiratsbildung, in: Der Betrieb 2023, S. 1169–1174.

*Burzer, Julian; Knoll, Leonhard; Lorenz, Daniela:* ESG und deutsche Aktien: Liegt die Nachhaltigkeit im Auge des Betrachters?, in: Der Betrieb 2022, S. 1721–1729.

Mohr, D. (6. Juli 2023). KI besser als MSCI-World-ETF. Aktienauswahl nur durch die Maschine? Das funktioniert erstaunlich gut. Apple bleibt dabei auf der Strecke. Frankfurter Allgemeine Zeitung, S. 27.

*Irion, Tanja; Eichler, Alex; Frei, Tarmio; Nungesser, Kai; Woltemate, Gerrit (2023):* Datenschutz als Herausforderung für CommTech, in: *Mickeleit, Thomas; Forthmann, Jörg (Hrsg.):* Erfolgsfaktor CommTech. Die digitale Transformation der Unternehmenskommunikation. Wiesbaden: Springer Gabler, S. 309–345.

# 15

# ESG-Kommunikation und die Zukunft: „Beyond Compliance"

**These**

*ESG-Compliance ist eine notwendige, aber keine hinreichende Bedingung für Erfolg in einer nachhaltigen Wirtschaftswelt. Unternehmen und ihre führenden Köpfe müssen die alte Ordnung hinter sich lassen, Werte neu definieren und Wertschöpfung neu gestalten.*

Braucht es diese Ermahnung? Die Erfahrung und Umfragen sagen Ja. Im Geschäftsalltag werden knappe Ressourcen vorrangig dort eingesetzt, wo Pflichtaufgaben zu erledigen sind. Compliance im Bereich Nachhaltigkeit sicherzustellen, ist ein gewaltiges Unterfangen. Insbesondere mittelständische Firmen beklagen personelle und fachliche Überforderung durch CSRD und ESRS (Feldmann & Moser, 2023, S. 16; Gauto & Müller, 2023, S. 18/19). Es darf also nicht überraschen, wenn Unternehmen ihre Kräfte zunächst darauf fokussieren, keine Fehler zu begehen. Manche drückt der Aufwand so sehr, dass sie über eine Verlagerung des Betriebs nachdenken (Kern & Jung, 2023, S. 16).

Trotz der Belastung sollten Manager Zeit und Kopf frei halten für die Erprobung neuer Geschäftsmodelle, Produkte, Dienstleistungen und

M. Neumann, J. Forthmann, *ESG-Reporting in der Unternehmenskommunikation*, https://doi.org/10.1007/978-3-658-44204-0_15

Prozesse, die einen Transformationssprung bewirken oder die von Anfang an nachhaltig konzipiert sind. Kommunikatoren können daraus Geschichten entwickeln, welche die Reputation und den Wert des Unternehmens in bislang unerreichte Höhen klettern lassen. Vieles spricht dafür, dass auf dem Weg zu einer neuen, nachhaltigen Wirtschaftsordnung Mut belohnt, Zaghaftigkeit dagegen bestraft wird.

> „Der Verkauf des Heizungsherstellers Viessmann, eines mehr als hundert Jahre alten Familienunternehmens, gilt als Mahnmal für zu langsame grüne Transformation: „Der Fall Viessmann hat vielen Unternehmern vor Augen geführt, dass man aus betriebswirtschaftlichen Gründen den richtigen Moment nicht verpassen darf", kommentiert Uwe Rittmann, Leiter Familienunternehmen und Mittelstand bei der Prüfungs- und Beratungsgesellschaft PwC (Terpitz & Müller, 2023, S. 18). Als Symbol für den Wandel und stete Mahnung kann das Gesetzgebungsvorhaben der EU dienen, wonach ESG zur Topmanagerpflicht werden soll, eventuell gleichrangig mit Rentabilität und Fortbestand des Unternehmens.[1]
>
> Eine Inspiration für systematische Arbeit an Lösungen für die Zukunft bietet die Studie des Beratungsunternehmens Infront Consulting & Management, Hamburg, zu Deutschlands Innovationslaboren (Kreimeier, 2023, S. 70 ff.). An der siebten Auflage beteiligten sich 39 solcher Einrichtungen, viele davon Töchter bekannter Unternehmen wie Commerzbank oder Telekom, des Armaturenherstellers Hansgrohe, von BSH (Bosch Siemens Haushaltsgeräte), des Energiekonzerns ENBW oder der Betreibergesellschaft des Hamburger Hafens HHLA."

Früher sei Nachhaltigkeit in vielen Unternehmen ein „belächeltes Feld für die hinteren Seiten im Geschäftsbericht" gewesen, heißt es in dem Bericht. Nunmehr sei sie „zur zentralen Aufgabe für alle [Zukunftslabore[2]] geworden". Eine Quintessenz der Studie lautet in den Worten der Studienautorin Lea-Theresa Münch: „Die besten Ergebnisse werden dann erzielt, wenn das Unternehmen Nachhaltigkeit und Digitalisierung zusammen denkt" (Kreimeier, 2023, S. 73).

Einen Ansatz für neues Denken in diesem Sinne haben die amerikanischen Unternehmer, Manager und Buchautoren Stuart McLachlan und Dean Sanders entwickelt. Sie sprechen von einem „Total Value System". ESG-Compliance halten sie ebenfalls für zu kurz gegriffen („… in this moment, in which everything is shaking, compliance is not enough"; McLachlan & Sanders, 2023, S. xxii/16 ff./28/53 ff.). Der Fokus allein darauf führe zu strategischer Kurzsichtigkeit („strategic myopia"; McLachlan & Sanders, 2023, S. 80). Nachhaltigkeit sei kein Armaturenbrett mit ESG-Kennzahlen (McLachlan & Sanders, 2023, S. 15 ff./134). Wer nur darauf schaue, verpasse Chancen und den richtigen Zeitpunkt für den Absprung in die neue Wirtschaftswelt. Man denke an das Festhalten der deutschen Autoindustrie an Verbrennungsmotoren oder das oben erwähnte Beispiel Viessmann.

Die alte Ordnung sei ein „infinite model relying on finite resources", „fundamentally a broken system" (McLachlan & Sanders, 2023, S. 139). Halte ein Manager an einem Geschäftsmodell fest, das auf ewigem Wachstum auf Kosten der Natur beruhe, werde er unweigerlich durch steigende Compliance-Anforderungen frustriert werden (McLachlan & Sanders, 2023, S. 133). Er werde ESG nur als Kosten für Compliance begreifen und ähnele damit dem Dummkopf von Oscar Wilde, der in allem nur Kosten sieht, aber von nichts den Wert erkennt (McLachlan & Sanders, 2023, S. 203).

Um ein Unternehmen sicher in eine nachhaltige Zukunft zu steuern, empfehlen sie, für jede einzelne Bezugsgruppe und für alle Stationen der Lieferkette (Scope 1 bis 3) zu prüfen, inwieweit das jeweilige Verhältnis durch den Wandel betroffen ist (McLachlan & Sanders, 2023, S. xxxv ff.; Neumann et al., 2019). Europäischen Unternehmen im Anwendungsbereich der CSRD ist dieser Prozess ohnehin vorgeschrieben, etwa nach Art. 19a Ziff. 2 (a) (iv) Bilanz-RL i. d. F. CSRD. In der Praxis macht es jedoch einen Unterschied, ob man die Analyse als Pflichtübung absolviert oder als Chance für Gestaltung und Unternehmensentwicklung begreift.

Ein Stakeholder-Fokus ist aus fünf Gründen ein kluger und für die Praxis hilfreicher Vorschlag: (1) Er führt zu individuellen Lösungen und fördert so die Zufriedenheit der jeweiligen Bezugsgruppe. (2) Er minimiert das Risiko, dass man eine wesentliche Anforderung oder ein wesentliches Bedürfnis übersieht. (3) Er weitet den Blick von der regulatorisch vorgegebenen ESG-Compliance auf umfassendere Nachhaltigkeit im Sinne der SDG und darüber hinaus. (Manche Unternehmen nehmen den Planeten Erde als Anspruchsberechtigten in ihre Stakeholder-Systematik auf) (McLachlan & Sanders, 2023, S. 117).[3] In Peru gilt „Mutter Erde" („Pachamama") seit 2008 als Rechtsperson, ähnlich in

Bolivien (Janisch, 2023, S. 2). (4) Wenn der Analyseprozess gut aufgesetzt und von motivierten Mitarbeitern vorangetrieben wird, gelangt das Unternehmen von der defensiven Pflichterfüllung in die kreative Offensive. (5) Manche Unternehmen, meist die herausragend erfolgreichen, kooperieren mit einer oder mehreren Bezugsgruppen als strategischen Partnern bei der Entwicklung nachhaltiger Lösungen (Forthmann & Gross, 2023; Asenkerschbaumer & Paul, 2023, S. 16).

Ein Beispiel für ein von Grund auf nachhaltig konzipiertes Unternehmen in einem alten Geschäft ist der Kleidungshersteller Rapanui.[4] Motivation für Gründer Mart Drake-Knight war die miserable Ökobilanz der Branche: 60 % aller Kleidung wird aus Plastik gemacht, 99 % des Abfalls landet auf Deponien, und zwei Fünftel der Produktion (40 %) sind Überschuss, also von Anfang an Müll. Rapanui produziert Textilien dank cleverer IT-Lösungen nur auf Bedarf, wenige Sekunden nach Eingang einer Bestellung. Dabei sparen die Fabriken Rohstoffe, Müll und Kosten. Die so frei werdenden Mittel fließen in die Beschaffung organischer Rohstoffe. Jedes Kleidungsstück erhält einen QR-Code. Am Ende der Gebrauchsdauer kann der Kunde die Ware zurückgeben und bekommt dafür einen Nachlass auf einen Ersatzkauf (McLachlan & Sanders, 2023, S. 122 f.).[5]

Wer in Deutschland Unterstützung für ein neues nachhaltiges Geschäftsmodell sucht, der kann sich an die Bundesagentur für Sprunginnovation wenden (SPRIND). Dabei handelt es sich um eine Behörde, die „bahnbrechende technologische Innovationen beschleunigen und die Wettbewerbsfähigkeit Deutschlands in Schlüsselindustrien stärken" soll. Sie ist dem Bundesbildungsministerium unterstellt und noch wenig bekannt. SPRIND beteiligt sich auch finanziell an Unternehmen.

# Notes

1. Siehe oben Kap. 6.
2. Anmerkung der Verfasser.
3. Etwa das Start-up „Made of Air".
4. www.rapanuiclothing.com.
5. Drake-Knight, Mart (31. März 2022), https://www.ted.com/talks/mart_drake_knight_dear_mr_bin_man?language=en.

# Literatur

Feldmann, R.; Moser, R. (18. Sept. 2023). EU-Richtlinie überfordert kleine und mittlere Firmen. Berlin sollte auf ein Veto gegen die ESRS-Regeln hinwirken. Frankfurter Allgemeine Zeitung, S. 16.

Gauto, A.; Müller, A. (7. Okt. 2023). $CO_2$-Reduktion. Mittelständler verlieren den Anschluss. Tagesspiegel, S. 18–19.

Kern, A.; Jung, P. (20. März 2023). Im Ausland schneller grün werden. Frankfurter Allgemeine Zeitung, S. 16.

Terpitz, K.; Müller, A. (26. Sept. 2023). Unsichere Zukunft. Mehr Unternehmer wollen verkaufen. Tagesspiegel, S. 18–19.

Kreimeier, N. (2023). Sauberes Ergebnis. Deutschlands Innovationslabore tüfteln an neuen Geschäftsfeldern, die nicht nur zusätzliche Erlöse bringen, sondern auch mehr Nachhaltigkeit. Capital. Nr. 10, S. 70–74.

*McLachlan, Stuart; Sanders, Dean (2023):* The Adventure of Sustainable Performance. Beyond ESG Compliance to Leadership in the New Era. Hoboken (NJ): Wiley.

*Neumann, Michael; Forthmann, Jörg; Heintze, Roland (2019):* Krisenkommunikation auf dem Seziertisch. Wie Manager Reputation und Unternehmenswert unter Druck verteidigen. Hamburg: IMWF.

Janisch, W. (28. Sept. 2023). Wenn Flüsse den Rechtsweg gehen. Klimaschutzprozesse sind ein globales Phänomen, inzwischen dürften es fast 3000 sein – von Verfahren gegen Unternehmen und Behörden bis hin zu Klagen für ganze Ökosysteme. Süddeutsche Zeitung, S. 2.

*Forthmann, Jörg; Gross, Marie Sophie (2023):* Reputation of Listed Companies Worldwide. An Analysis of the 6 Most Important Stock Indices. Hamburg: IMWF.

Asenkerschbaumer, S.; Paul, S. (21. August 2023). Kampf gegen den Abstieg. Firmen müssen ihre Wettbewerbsfähigkeit und Widerstandskraft stärken. Sie haben dafür vier Hebel. Frankfurter Allgemeine Zeitung, S. 16.

Drake-Knight, M. (2022). Dear Mr Bin Man. https://www.ted.com/talks/mart_drake_knight_dear_mr_bin_man?language=en, zugegriffen am 30. Januar 2024.

# Anhang 1

§ 289c HGB: Inhalt der nichtfinanziellen Erklärung

(1) In der nichtfinanziellen Erklärung im Sinne des § 289b ist das Geschäftsmodell der Kapitalgesellschaft kurz zu beschreiben.

(2) Die nichtfinanzielle Erklärung bezieht sich darüber hinaus zumindest auf folgende Aspekte:

1. Umweltbelange, wobei sich die Angaben beispielsweise auf Treibhausgasemissionen, den Wasserverbrauch, die Luftverschmutzung, die Nutzung von erneuerbaren und nicht erneuerbaren Energien oder den Schutz der biologischen Vielfalt beziehen können.

2. Arbeitnehmerbelange, wobei sich die Angaben beispielsweis auf die Maßnahmen, die zur Gewährleistung der Geschlechtergleichstellung ergriffen wurden, die Arbeitsbedingungen, die Umsetzung der grundlegenden Übereinkommen der Internationalen Arbeitsorganisation, die Achtung der Rechte der Arbeitnehmerinnen und Arbeitnehmer, informiert und konsultiert zu werden, den sozialen Dialog, die Achtung der Rechte der Gewerkschaften, den Gesundheitsschutz oder die Sicherheit am Arbeitsplatz beziehen können,

M. Neumann, J. Forthmann, *ESG-Reporting in der Unternehmenskommunikation*, https://doi.org/10.1007/978-3-658-44204-0

3. Sozialbelange, wobei sich die Angaben beispielsweise auf den Dialog auf kommunaler oder regionaler Ebene oder auf die zur Sicherstellung des Schutzes und der Entwicklung lokaler Gemeinschaften ergriffenen Maßnahmen beziehen können,

4. die Achtung der Menschenrechte, wobei sich die Angaben beispielsweise auf die Vermeidung von Menschenrechtsverletzungen beziehen können, und

5. die Bekämpfung von Korruption und Bestechung, wobei sich die Angaben beispielsweise auf die bestehenden Instrumente zur Bekämpfung von Korruption und Bestechung beziehen können.

(3) Zu den in Absatz 2 genannten Aspekten sind in der nichtfinanziellen Erklärung jeweils diejenigen Angaben zu machen, die für das Verständnis des Geschäftsverlaufs, des Geschäftsergebnisses, der Lage der Kapitalgesellschaft sowie der Auswirkungen ihrer Tätigkeit auf die in Absatz 2 genannten Aspekte erforderlich sind, einschließlich

1. einer Beschreibung der von der Kapitalgesellschaft verfolgten Konzepte, einschließlich der von der Kapitalgesellschaft angewandten Due-Diligence-Prozesse,

2. der Ergebnisse der Konzepte nach Nummer 1,

3. der wesentlichen Risiken, die mit der eigenen Geschäftstätigkeit der Kapitalgesellschaft verknüpft sind und die sehr wahrscheinlich schwerwiegende negative Auswirkungen auf die in Absatz 2 genannten Aspekte haben oder haben werden, sowie die Handhabung dieser Risiken durch die Kapitalgesellschaft,

4. der wesentlichen Risiken, die mit den Geschäftsbeziehungen der Kapitalgesellschaft, ihren Produkten und Dienstleistungen verknüpft sind und die sehr wahrscheinlich schwerwiegende negative Auswirkungen auf die in Absatz 2 genannten Aspekte haben oder haben werden, soweit die Angaben von Bedeutung sind und die Berichterstattung über die Risiken verhältnismäßig ist, sowie die Handhabung dieser Risiken durch die Kapitalgesellschaft,

5. der bedeutsamsten nichtfinanziellen Leistungsindikatoren, die für die Geschäftstätigkeit der Kapitalgesellschaft von Bedeutung sind,

6. soweit es für das Verständnis erforderlich ist, Hinweisen auf im Jahresabschluss ausgewiesenen Beträge und zusätzlich Erläuterungen dazu.

(4) Wenn die Kapitalgesellschaft in Bezug auf einen oder mehrere der in Absatz 2 genannten Aspekte kein Konzept verfolgt, hat sie dies anstelle der in dem jeweiligen Aspekt bezogenen Angaben nach Absatz 3 Nummer 1 und 2 in der nichtfinanziellen Erklärung klar und begründet zu erläutern.

# Anhang 2

Corporate Social Responsibility Directive vom 12. April 2021 in der geänderten Fassung vom 30 Juni 2022, verabschiedet als Richtlinie (EU) 2022/2464 des Europäischen Parlaments und des Europäischen Rates vom 14. Dezember 2022 zur Änderung der Verordnung (EU) Nr. 537/2014 und der Richtlinien 2004/109/EG, 2006/34/EG und 2013/34/EU hinsichtlich der Nachhaltigkeitsbericht-erstattung von Unternehmen (CSRD), ABlEU vom 16.12.2022, L 322, 15.

Die Änderungen im Vergleich zum Entwurf vom 21. April 2021 sind *fett und kursiv* markiert. Sie stammen vom Europäischen Rat, dem Gremium der Staats- und Regierungschefs in der EU, vom Europäischen Parlament und vom Rechtsausschuss des Parlaments:

Article 19a der Bilanzrichtlinie 2013/34/EU[1] is replaced by the following:
Article 19a Sustainability Reporting
1. Large undertakings *referred to in Article 3 point (4) and* small and medium-sized undertakings *as defined in Article 3(2) and 3(3)* which are undertakings referred to in Article 2, point (1), point (a) *and which are not micro-undertakings as defined in Article 3(1)*, shall include in the

© Der/die Herausgeber bzw. der/die Autor(en), exklusiv lizenziert an Springer Fachmedien Wiesbaden GmbH, ein Teil von Springer Nature 2024
M. Neumann, J. Forthmann, *ESG-Reporting in der Unternehmenskommunikation*, https://doi.org/10.1007/978-3-658-44204-0

management report information necessary to understand the undertaking's impacts on sustainability matters, and information necessary to understand how sustainability matters affect the undertaking's development, performance and position. *This information shall be clearly identifiable within the management report, through a dedicated section of the management report.*

2. The information referred to in paragraph 1 shall contain:

(a) a brief description of the undertaking's business model and strategy, including:

   (i)   the resilience of the undertaking's business model and strategy to risks related to sustainability matters;

   (ii)  the opportunities for the undertaking related to sustainability matters;

   (iii) the plans of the undertaking, *including implementing actions and related financial and investment plans,* to ensure that its business model and strategy are compatible with the transition to a sustainable economy and with the limiting of global warming to 1.5 °C in line with the Paris Agreement *and the objective of achieving climate neutrality by 2050 as established in Regulation (EU) 2021/1119 (European Climate Law), and where relevant, the exposure of the undertaking to coal, oil and gas-related activities;*

   (iv)  how the undertaking's business model and strategy take account of the interests of the undertaking's stakeholders and of the impacts of the undertaking on sustainability matters;

   (v)   how the undertaking's strategy has been implemented with regard to sustainability matters;

(b) a description of the *time-bound* targets related to sustainability matters set by the undertaking, *including where appropriate absolute greenhouse gas emission reduction targets at least for 2030 and 2050, a description* of the progress the undertaking has made towards achieving those targets, *and a specification of whether the undertaking's targets related to environmental matters are based on conclusive scientific evidence;*

(c) a description of the role of the administrative, management and supervisory bodies with regard to sustainability matters, *and of their expertise and skills to fulfil this role or access to such expertise and skills*;

(d) a description of the undertaking's policies in relation to sustainability matters;

*(da) information about the existence of incentive schemes offered to members of the administrative, management and supervisory bodies which are linked to sustainability matters;*

(e) a description of:

(i) the due diligence process implemented *by the undertaking* with regard to sustainability matters, *and where applicable in line with EU requirements on undertakings to conduct a due diligence process;*

(ii) the principal actual or potential adverse impacts connected with the undertaking's *own operations and with its value chain, including* its products and services, its business relationships and its supply chain, *actions taken to identify and track these impacts, and other adverse impacts which the undertaking is required to identify according to other EU requirements on undertakings to conduct the due diligence process*;

(iii) any actions taken *by the undertaking*, and the result of such actions, to prevent, mitigate, *remediate or bring an end to* actual or potential adverse impacts;

(f) a description of the principal risks to the undertaking related to sustainability matters, including the undertaking's principal dependencies on such matters, and how the undertaking manages those risks;

(g) indicators relevant to the disclosures referred to in points (a) to (f).

Undertakings shall report the process carried out to identify the information that they have included in the management report in accordance with paragraph 1. *The information listed under paragraph 2* shall *include information related to* short, medium and long-term *time* horizons *as applicable.*

*3.* Where *applicable*, the information referred to in paragraphs 1 and 2 shall contain information about the undertaking's *own opera-*

*tions, and about its value chain, including* products and services, its business relationships and its supply chain. *For the first three years of the application of this Directive, in the event that not all the necessary information regarding the value chain is available, the undertaking shall explain the efforts made to obtain the information about its value chain, the reasons why this information could not be obtained, and the plans of the undertaking to obtain such information in the future.*

Where *applicable*, the information referred to in paragraphs 1 and 2 shall also contain references to, and additional explanations of, other information included in the management report in accordance with Article 19 and amounts reported in the annual financial statements.

Member States may allow information relating to impending *developments* or matters in the course of negotiation to be omitted in *exceptional* cases where, in the duly justified opinion of the members of the administrative, management and supervisory bodies, acting within the competences assigned to them by national law and having collective responsibility for that opinion, the disclosure of such information would be seriously prejudicial to the commercial position of the undertaking, provided that such omission does not prevent a fair and balanced *understanding* of the undertaking's development, performance, position and impact of its activity.

4. Undertakings shall report the information referred to in paragraphs 1 to 3 in accordance with the sustainability reporting standards referred to in Article *29b*.

*4b. The management of the undertaking shall inform workers' representatives at the appropriate level and discuss with them the relevant information and the means of obtaining and verifying sustainability information. Their opinion should be communicated, where applicable, to the relevant administrative, management or supervisory bodies.*

5. By way of derogation from Article 19a, paragraphs *2* to *4, and without prejudice to paragraphs 7 and 7a,* small and *medium-sized* undertakings referred to in *paragraph 1, small and non-complex institutions as defined in* Article *4(1), point (145) of Regulation (EU) No 575/2013, and captive insurance undertakings as defined in Article 13 (2) of Directive 2009/138/EC and captive reinsurance* undertakings *as defined in* Article *13(5) of Directive 2009/138/EC may limit their sustainability reporting to the following information:*

(a)  *a brief description of the undertaking's business model and strategy;*

(b)  *a description of the undertaking's policies in relation to sustainability matters;*

(c)  *the principal actual or potential adverse impacts of the undertaking with regard to sustainability matters, and any actions taken to identify, monitor, prevent, mitigate or remediate such actual or potential adverse impacts;*

(d)  *the principal risks to the undertaking related to sustainability matters and how the undertaking manages those risks;*

(e)  *key indicators necessary to the disclosures referred to in points (a) to (d).*

*Small and medium-sized undertakings, small and non-complex institutions and captive insurance and reinsurance undertakings that use this derogation shall report in accordance with the sustainability reporting standards for small and medium-sized undertakings referred to in Article 29c.*

*5a. By way of derogation from paragraph 1 and until 2028, small and medium-sized undertakings which are undertakings referred to in Article 2, point (1), point (a), may decide not to include in their management report the information referred to in paragraph 1. The undertaking shall however provide a statement in its management report declaring briefly why the sustainability reporting was not provided.*

6. Undertakings that comply with the requirements set out in paragraphs 1 to 4 *and undertakings making use of the derogation in paragraph 5* shall be deemed to have complied with the requirement set out in the third subparagraph of Article 19(1).

7. An undertaking *('the exempted subsidiary undertaking')* which is a subsidiary undertaking shall be exempted from the obligations set out in paragraphs 1 to 4 if that undertaking and its subsidiary undertakings are included in the consolidated management report of a parent undertaking, drawn up in accordance with Articles 29 and 29a. An undertaking that is a subsidiary undertaking from a parent undertaking that is established in a third country shall also be exempted from the obligations set out in paragraphs 1 to 4 where that undertaking and its subsidiary undertakings are included in the *sustainability reporting* of that parent undertaking and

where *this sustainability reporting of the parent undertaking* is drawn up in *accordance with the sustainability reporting standards adopted pursuant to Article 29b or in* a manner *equivalent to those sustainability reporting standards determined* in accordance with *Commission's decisions on the equivalence of sustainability reporting standards* adopted pursuant to Article 23(4), *third subparagraph* of Directive 2004/109/EC of the European Parliament and of the Council[46]. *Directive 2004/109/ EC of the European Parliament and of the Council of 15 December 2004 on the harmonisation of transparency requirements in relation to information about issuers whose securities are admitted to trading on a regulated market and amending Directive 2001/34/EC (OJ L 390, 31.12.2004, p. 38).;*

*The exemption in the first subparagraph is subject to the following conditions:*

(i)  *the management report of the exempted subsidiary undertaking contains all of the following information:*

   (a)  *the name and registered office of the parent undertaking that reports information at group level in accordance with this Article, or in a manner equivalent to sustainability reporting standards adopted pursuant to Article 29b of this Directive, determined in accordance with Commission's decisions on equivalence of sustainability reporting standards adopted pursuant to Article 23(4), third subparagraph;*

   (b)  *the web links to the consolidated management report of the parent undertaking or to the consolidated sustainability reporting where applicable, referred to in the first subparagraph and to the opinion referred to in Article 34(1), second subparagraph, point (aa) of this Directive or the opinion referred to in point (ii) of this subparagraph;*

   (c)  *the fact that the undertaking is exempted from the obligations set out in paragraphs 1 to 4 of this Article.*

(ii)  *when the parent undertaking referred to in the first subparagraph is established in a third country, its consolidated sustainability reporting and the opinion based on a limited assurance engagement given by one or more person(s) or firm(s) authorised to give an opinion on the assurance of sustainability reporting under the national law governing the undertaking which drew up that consolidated sustainability reporting or separate report, shall be published in accordance with Article 30, in the manner prescribed by the law of the Member State by which the exempted subsidiary undertaking is governed.*

(iii)  *when the parent undertaking referred to in the first subparagraph is established in a third country, the disclosures laid down in Article 8 of Regulation (EU) 2020/852, covering the activities carried out by the exempted subsidiary undertaking(s) established in the EU and its subsidiary undertakings, are included in one of the following reports:*

a)  *in the management report of the exempted parent undertaking,*

*or*

b)  *in the consolidated sustainability reporting prepared by the parent undertaking established in a third country referred to in the first subparagraph.*

*The Member State by which the exempted subsidiary undertaking is governed, may require that the consolidated management report or consolidated sustainability reporting where applicable of the parent undertaking is published in a language that it accepts, and that any necessary translation into those languages is provided. Any translation not certified shall include a statement indicating the translation was not certified.*

*Undertakings which are exempted from preparing a management report according to Article 37 of this Directive, need not to provide the information of points (a), (b) and (c) of point (i) of the second subparagraph, provided they publish the consolidated management report referred to in the first subparagraph of this paragraph in accordance with Article 37 of this Directive.*

*For the purposes of the first subparagraph, and where Article 10 of Regulation (EU) No 575/2013 applies, credit institutions referred to in Article 1, point (3), point (b) of this Directive that are permanently affiliated to a central body which supervises them under the conditions laid down in that same article shall be treated as subsidiaries of the central body.*

*For the purposes of the first subparagraph, insurance undertakings referred to in Article 1(3), point (a) of this Directive that are part of a group on the basis of a relationship referred to in Article 212(1)(c)(ii) of Directive 2009/138/EC which is subject to group supervision in accordance with Article 213(2), points (a), (b) and (c) of that Directive shall be treated as subsidiaries of the parent undertaking of that group.*

*7a. The exemption of paragraph 7 shall also apply to public interest entities subject to the requirements of this Article, unless that public-interest entity is a large undertaking falling under point (1)(a) of Article 2.*

# Anhang 3

Die 17 Nachhaltigkeitsziele der Vereinten Nationen

(1) keine Armut,
(2) kein Hunger,
(3) Gesundheit und Wohlergehen („good health and well-being"),
(4) hochwertige Bildung („quality education"),
(5) Geschlechter- (und Gender-)gerechtigkeit und -gleichheit,
(6) sauberes Trinkwasser und Entsorgung von Abwasser,
(7) bezahlbare, nachhaltige, umweltfreundliche Energie,
(8) menschenwürdige Arbeit („decent work") und wirtschaftliches Wachstum,
(9) Industrie, Innovation und Infrastruktur,
(10) weniger Ungleichheit,
(11) nachhaltige Städte und Gemeinden,
(12) nachhaltiger, verantwortungsvoller Konsum und Produktion,
(13) aktiver Klimaschutz („climate action"),
(14) Leben unter Wasser („life below water"),

M. Neumann, J. Forthmann, *ESG-Reporting in der Unternehmenskommunikation*, https://doi.org/10.1007/978-3-658-44204-0

(15) Leben auf dem Land,
(16) Friede, Gerechtigkeit und starke Institutionen,
(17) Partnerschaftliche Zusammenarbeit zur Erreichung dieser Ziele („partnerships for the goals").

# Note

1. Anmerkung der Verfasser.

# Literatur

*Arthur W. Page Society (2021):* CommTech guide. https://commtechguide.
page.org/getting-started-in-commtech-from-professional-to-pathfinder/a-
new-profession-emerges/, abgerufen am 18. Okt. 2022.

*Balke, Michaela*: Zwischenbefund aus der Praxis zu den organisatorischen
Herausforderungen der ESG-Richtlinien für Unternehmen, in: Die Aktiengesellschaft 2023, S. 732–741.

*Banholzer, Volker M.; Quest, Andreas; Rossbach, Andreas (2023):* Künstliche Intelligenz in der Unternehmenskommunikation, in: *Mickeleit, Thomas; Forthmann, Jörg (Hrsg.):* Erfolgsfaktor CommTech. Die digitale Transformation
der Unternehmenskommunikation. Wiesbaden: Springer Gabler, S. 232–275.

*Baumbach, Adolf; Hopt, Klaus J. (2023):* Handelsgesetzbuch mit GmbH & Co.,
Handelsklauseln, Bank- und Kapitalmarktrecht, Transportrecht (ohne See-
recht), 42., neubearb. Aufl. München: Beck.

*Beiersdorf, Kati; Fink, Christian; Schmotz, Thomas:* (Konzern-)Nachhaltigkeits-
bericht-erstattung von KMU gemäß CSRD-Regelungen und Regelungslücken in der neuen EU-Bilanzrichtlinie, in: Betriebsberater 2023,
S. 2346–2350.

*Bingel, Adrian; Rothenburg, Vera; Schumann, Julia:* Nachhaltigkeitsbericht-erstattung nach CSRD – Auswirkungen auf die Organpflichten, in: Der Betrieb 2023, S. 118–125.

*Blöcker, Katlen; Engelmann, Bianca:* ESG-Komponenten bei Unternehmens-finanzierungen, in: Der Betrieb 2023, M14–M16.

*Bradford, Cornell; Damodaran, Aswath:* Valuing ESG: Doing Good or Sounding Good?, in: https://ssrn.corn/abstract=3557432. First draft: February 10, 2020. Current draft: March 20, 2020.

Storn, A. (13. März 2022). „Da muss ein Chef auch mal Schläge aushalten kön-nen." Immer mehr Unternehmen suchen ihren Daseinszweck. Macht das im Alltag einen Unterschied? Wolfgang Jenewein, Professor an der Universität St. Gallen, über Schönfärberei, weinende Manager und Sinn als große Chance. Brand eins. https://www.brandeins.de/magazin/brand-eins-thema/unternehmensberater-2020/wolfgang-jenewein-purpose, S. 3–18, abgerufen am 14. Nov. 2022.

Hünninghaus, A. (2023). Das neue Kalkül. Risikokapitalgeber investieren neuerdings immer öfter in Unternehmen, die dabei helfen, gesellschaftliche oder ökologische Probleme zu lösen. Zwei Investorinnen und ein Investor be-richten über ihre Entscheidungskriterien. Brand eins, S. 66–72.

*Brown, Sean; Nuttall, Robin:* The role of ESG and purpose, in: www.mckinsey.com/business-functions/strategy-and-corporate-finance/our-insights/the-ro-le-of-esg-and-purpose#print (4. Januar 2022. Podcast).

*Burzer, Julian; Knoll, Leonhard; Lorenz, Daniela:* ESG und deutsche Aktien: Liegt die Nachhaltigkeit im Auge des Betrachters?, in: Der Betrieb 2022, S. 1721–1729.

Kreimeier, N. (2023). Sauberes Ergebnis. Deutschlands Innovationslabore tüf-teln an neuen Geschäftsfeldern, die nicht nur zusätzliche Erlöse bringen, son-dern auch mehr Nachhaltigkeit. Capital. Nr. 10, S. 70–74.

„*Carbonbrief*": Shell admits 1.5c climate goal means immediate end to fossil fuel growth, www.carbonbrief.org/analysis-shell-admits-1-5c-climate-goal-me-ans-immediate-end-to-fossil-fuel-growth, abgerufen am 24. April 2023.

*Deutsche Umwelthilfe (DUH):* Dreiste Verbrauchertäuschung mit angeblicher Klimaneutralität: Deutsche Umwelthilfe verklagt Danone, Eurowings, Hel-loFresh und Netto und leitet weitere juristische Verfahren ein. https://www.duh.de/presse/pressemitteilungen/dreiste-verbrauchertaeuschung-mit-ange-blicher-klimaneutralitaet-deutsche-umwelthilfe…, vom 17. Mai 2023, ab-gerufen am 17. Mai 2023.

# Der „Economist" nennt keine Autorennamen, auch keine Kürzel.

Goodbye 1.5 °C. The world is missing its lofty climate targets. Time for some realism (5. Nov. 2022). Economist, S. 13.

Buttonwood. The tenacity of ESG (19. Nov. 2022). Economist. S. 70.

The new AI (1). The generation game. Large, creative AI models will transform how people live and work. In this special section, we examine their promise and their peril. First – how they function (22. April 2023). Economist, S. 65–67.

The new AI (2). How generative models could go wrong. Researchers are increasingly worried about the risks posed by AIS. A big problem is that they are black boxes (22. April 2023). Economist, S. 68–69.

The new AI (3): What comes next? Large language model's ability to generate text also lets them plan and reason (22. April 2023). Economist, S. 70.

The future of work. Your new colleague. Artificial intelligence is about to turn the economy upside down. Right? (13. Mai 2023). Economist, S. 55–57.

Climate change: Mercury rising. The world is likely to breach its 1.5 °C climate target before 2028 (20. Mai 2023). Economist, S. 73.

Climate Finance: The struggle to kill King Coal (10. Juni 2023). Economist, S. 11.

Ember alert: Who is keeping coal alive? (10. Juni 2023). Economist, S. 59–61.

Carbon removal: The Great Carbon Valley. Kenya ist a surprisingly good place to clean the atmosphere (17. Juni 2023). Economist, S. 27–28.

American medicine: Doctor Walmart will see you now. Why big companies see opportunity in primary care (24. Juni 2023). Economist, S. 51–52.

Johnson. The ghost in the AI machine. Talking about artificial intelligence in human terms is natural – but wrong (24. Juni 2023). Economist, S. 71.

Free Exchange. Unknown unknowns. Why people struggle to understand climate risk (15. Juli 2023). Economist, S. 61.

Climate Change: Uninsurable America (23. Sept. 2023). Economist, S. 35–36.

Business and the climate. Emissionary zeal (23. Sept. 2023). Economist, S. 56.

Global warming. Green light. How carbon prices are taking over the world (7. Okt. 2023). Economist, S. 63–64.

Wulfers, A. (18. Juni 2023). Und was machen die anderen? Klimaschutz kann nur gelingen, wenn alle Länder mitmachen. Die Diplomatie hat noch nicht viel bewirkt. Dafür gibt es jetzt eine neue Chance. Frankfurter Allgemeine Sonntagszeitung, S. 20.

Geinitz, C. (16. Nov. 2022). Die Klimakonferenz läuft schleppend. Weil es auf der COP in Ägypten nicht vorangeht, geraten kleinere Projekte in den Fokus – auch zu Wasserstoff. Frankfurter Allgemeine Zeitung, S. 17.

KfW: Betriebe müssen Klimainvestitionen verdoppeln. Privatwirtschaft investiert 2021 rund 55 Milliarden Euro in Klimaschutz/Für Klimaziele reicht das nicht (23. Nov. 2022). Frankfurter Allgemeine Zeitung, S. 20.

Balzter, S. (5. Dez. 2022). Frust über die Klimazertifikate. Auf der Start-up-Konferenz NOAH geht es um Umweltschutz und Ureinwohner. Frankfurter Allgemeine Zeitung, S. 19.

Kanning, T. (8. Dez. 2022). DWS zeigt Reue über Grünfärberei. Die Greenwashing-Vorwürfe haben die Fondsgesellschaft der Deutschen Bank durchgeschüttelt. Der neue Chef setzt ihr nun neue Ziele – und begeistert die Börse. Frankfurter Allgemeine Zeitung, S. 18.

Schlömer, O. (9. Jan. 2023). Zahlen fürs gute Gewissen. Fliegen ist schlecht fürs Klima, doch nicht jeder Flug lässt sich vermeiden. Daher wird fleißig $CO_2$ kompensiert. Wie funktioniert das Prinzip? Frankfurter Allgemeine Zeitung, S. 22.

Marx, U. (10. Jan. 2023). Die Kosten des Bürokratie-Tsunamis. Deutsche Maschinenbauer beziffern finanziellen und personellen Aufwand. Frankfurter Allgemeine Zeitung, S. 22.

ESG-Transformation auch in Asien. Deutlich wachsendes Interesse an Nachhaltigkeitskriterien und ihrer Umsetzung. Gastbeitrag von Christiane Conrads, Rechtsanwältin bei PwC Legal (3. Februar 2023). Frankfurter Allgemeine Zeitung, S. 21.

Velte, P. (6. März 2023). Wirtschaftsprüfer sollen Etikettenschwindel verhindern. Etwa 15.000 Firmen müssen ihre ESG-Berichte prüfen lassen. Hilft das gegen Greenwashing? Frankfurter Allgemeine Zeitung, S. 16.

Psotta, Michael (10. März 2023). „EU-Taxonomie war nur erster Schritt." Über soziale Nachhaltigkeit im Immobiliensektor, ihre Messbarkeit und ihre Kosten. Vier Fragen an: Isabella Chacón Troidl, BNP Paribas REIM Deutschland. Frankfurter Allgemeine Zeitung, S. 20.

Krohn, Philipp (11. März 2023). Das große Rätselraten um die Nachhaltigkeit. Versicherer sucht nach Wegen für den Umgang mit der EU-Taxonomie. Frankfurter Allgemeine Zeitung, S. 31.

Psotta, Michael (17. März 2023). „Investoren sind wählerischer geworden." Über aktuelle Chancen und Risiken für Projektentwickler und die EU-Taxonomie. Vier Fragen an: Reinhard Walter, FOM Real Estate Gruppe. Frankfurter Allgemeine Zeitung, S. 22.

Kern, A.; Jung, P. (20. März 2023). Im Ausland schneller grün werden. Frankfurter Allgemeine Zeitung, S. 16.

„Die EU-Taxonomie ist ein Monster." Bilfinger-Chef Thomas Schulz über den Kampf um Nachhaltigkeit und Energie (22. März 2023). Frankfurter Allgemeine Zeitung, S. 18.

Frühauf, M. (17. Mai 2023). Wenig Haben – viel Soll. Frankfurter Allgemeine Zeitung, S. 27.

Mohr, D. (25. Mai 2023). „Finanzbranche finanziert, was die Lebensgrundlage zerstört". Frankfurter Allgemeine Zeitung, S. 25.

Großinvestoren stellen ESG-Muffeln ein Ultimatum. Deutsche Bank veröffentlicht $CO_2$-Daten für Wohnkreditportfolio/Klimaclub CDP kritisiert Nachzügler Tesla (1. Juni 2023). Frankfurter Allgemeine Zeitung, S. 27.

Geinitz, C. (6. Juni 2023). Streit über $CO_2$-Abscheidung vor Weltklimakonferenz. Die Gastgeber aus Dubai werben für Alternativen zu Erneuerbaren – Berlin geht einen anderen Weg. Frankfurter Allgemeine Zeitung, S. 2.

von Petersdorff, W. (10. Juni 2023). Es brennt, und die Versicherer verduften. Kalifornien erlebt den Exodus der Assekuranzen/Der Klimawandel spielt eine Rolle – und eine schlechte Politik. Frankfurter Allgemeine Zeitung, S. 29.

Mußler, H. (15. Juni 2023). ESG-Kriterien gewinnen für Börsengänge an Bedeutung. J.P. Morgan berät verstärkt zu Nachhaltigkeitsprofilen/482 Milliarden Dollar gegen Klimawandel zugesagt. Frankfurter Allgemeine Zeitung, S. 25.

BMW (17. Juni 2023). The iX5 Hydrogen. Frankfurter Allgemeine Zeitung, S. 5.

Krahnen, J. P. (19. Juni 2023). Was die Finanzindustrie zur Klimawende beitragen kann. Mit der simplen Einteilung in „grüne" und „braune" Wertpapiere ist es nicht getan. Gastbeitrag von Jan Pieter Krahnen, emeritierter Professor für Kreditwirtschaft und Finanzierung an der Universität Frankfurt und Gründungsdirektor des Leibniz-Instituts für Finanzmarktforschung SAFE. Frankfurter Allgemeine Zeitung, S. 16.

Gelinsky, K. (21. Juni 2023). Mit Daumenschrauben gegen Greenwashing. Die Zertifizierungspläne der EU-Kommission greifen massiv in die Wettbewerbsfreiheit ein. Frankfurter Allgemeine Zeitung, S. 16.

Jung, M. (26. Juni 2023). Für Manager wird es riskanter. Die Regresse steigen. Manager, die in ihrem Unternehmen nicht auf Compliance achten, müssen dringend in ihren Versicherungsschutz investieren. Frankfurter Allgemeine Zeitung, S. 22.

Gelinsky, K. (30. Juni 2023). Immer mehr Klimaprozesse vor Gericht. Frankfurter Allgemeine Zeitung, S. 23.

Umwelt als Investment. Einige Versicherer setzen intensiv auf ESG (30. Juni 2023). Frankfurter Allgemeine Zeitung, S. 25.

Mohr, D. (6. Juli 2023). KI besser als MSCI-World-ETF. Aktienauswahl nur durch die Maschine? Das funktioniert erstaunlich gut. Apple bleibt dabei auf der Strecke. Frankfurter Allgemeine Zeitung, S. 27.

Gelinsky, K. (8. Juli 2023). Verbraucher können einfacher klagen. Der Bundestag hat das Gesetz zur Abhilfeklage beschlossen: Verbraucher bekommen die Möglichkeit, kollektiv auf Schadensersatz zu klagen. Was verändert sich konkret? Frankfurter Allgemeine Zeitung, S. 18.

Riedel, P. (10. Juli 2023). Der Druck kommt über die Lieferkette. Selbst kleinere Unternehmen kommen nicht um die Nachhaltigkeit herum. Frankfurter Allgemeine Zeitung, S. 16.

Schmedders, K. (10. Juli 2023). Die Ära des Greenwashings endet. Ratingurteile über die Nachhaltigkeit von Unternehmen sind oft noch widersprüchlich. Doch dem ESG-Chaos lässt sich abhelfen. Frankfurter Allgemeine Zeitung, S. 16.

Brandis, C. (10. Juli 2023). Keine eigenen Klimaziele. Vor allem kleineren Unternehmen fällt es schwer, sich nachhaltig aufzustellen. Sie sind mit der Thematik einfach überfordert. Frankfurter Allgemeine Zeitung, S. 20.

Gelinsky, K. (11. Juli 2023). Im Kollektiv gegen Konzerne. Frankfurter Allgemeine Zeitung, S. 15.

Müßgens, C. (15. Juli 2023). VW will Risiken für Menschenrechte schneller anerkennen. Der Abbau von Batterierohstoffen birgt viele Gefahren/Seit diesem Jahr sorgt das Lieferkettengesetz für zusätzlichen Druck. Frankfurter Allgemeine Zeitung, S. 28.

Plickert, P. (17. Juli 2023). Unklarheit über Shells Kurs mit erneuerbaren Energien. Verkauf von Beteiligungen?/„Welt braucht Öl". Frankfurter Allgemeine Zeitung, S. 19.

Müßgens, C. (22. Juli 2023). VW im Crashtest. Europas größter Autokonzern kämpft mit so vielen Problemen wie lange nicht mehr. Abstiegskampf in China, Konjunkturschwäche, niedriger Aktienkurs: Ist Volkswagen für die Zukunft gerüstet? Frankfurter Allgemeine Zeitung, S. 21.

Wer Gutes tut und darüber spricht, gewinnt. Studie zum Ruf börsennotierter Unternehmen sieht Dax-Vertreter im Mittelfeld (3. Aug. 2023). Frankfurter Allgemeine Zeitung, S. 19.

Müßgens, C. (3. Aug. 2023). Volkswagen und die Menschenrechte. Als Sonderbeauftragte von Europas größtem Autohersteller steht Kerstin Waltenberg vor gewaltigen Aufgaben. Das Lieferkettengesetz setzt die Wirtschaft unter Zugzwang. Auch andere Länder erhöhen den Druck. Frankfurter Allgemeine Zeitung, S. 22.

Mayer, E. (9. Aug. 2023). Compliance lässt sich nicht wegversichern. D&O-Policen helfen Haftungsrisiken zu reduzieren. Aber ein wirksamer Schutzschirm lässt sich nur durch umfassende Vorsorge erreichen. Frankfurter Allgemeine Zeitung, S. 16.

Jung, M. (9. Aug. 2023). Innovation ist auf dem Vormarsch. Studie zur Transformation: M&A bleibt erste Wahl für deutsche Großkonzerne. Frankfurter Allgemeine Zeitung, S. 19.

Gelinsky, K. (10. Aug. 2023). Streit über Taxonomie ist zurück. Kunststoffindustrie rügt unrealistische Vorgaben. Frankfurter Allgemeine Zeitung, S. 17.

von Petersdorff, W. (16. Aug. 2023). Junge Klimakläger siegen gegen den Staat Montana. Richterin nennt das rechtlich auferlegte Ignorieren von Klimafolgen verfassungswidrig/Was sind die Folgen? Frankfurter Allgemeine Zeitung, S. 15.

Freytag, B. (16. Aug. 2023). Bilfinger stopft Löcher. Konzern strebt „Neupositionierung" in Amerika an. Frankfurter Allgemeine Zeitung, S. 22.

Reuters (17. Aug. 2023). H&M nimmt Zulieferer ins Visier. Mögliche Arbeitsrechtsverstöße in Myanmar. Frankfurter Allgemeine Zeitung, S. 18.

Asenkerschbaumer, S.; Paul, S. (21. August 2023). Kampf gegen den Abstieg. Firmen müssen ihre Wettbewerbsfähigkeit und Widerstandskraft stärken. Sie haben dafür vier Hebel. Frankfurter Allgemeine Zeitung, S. 16.

Köckeritz, H. (13. Sept. 2023). Woran sich Manager messen lassen müssen. Nachhaltigkeitsziele werden ein fester Bestandteil in der Vergütung von Vorständen. Frankfurter Allgemeine Zeitung, S. 16.

Feldmann, R.; Moser, R. (18. Sept. 2023). EU-Richtlinie überfordert kleine und mittlere Firmen. Berlin sollte auf ein Veto gegen die ESRS-Regeln hinwirken. Frankfurter Allgemeine Zeitung, S. 16.

EPD (21. Sept. 2023). EU will „Greenwashing" in Werbung verbieten. Frankfurter Allgemeine Zeitung, S. 14.

ESG rückt in den Fokus der Aufsichtsräte (21. Sept. 2023). Frankfurter Allgemeine Zeitung, S. 23.

Mußler, H. (26. Sept. 2023). DWS zahlt für Greenwashing. Frankfurter Allgemeine Zeitung, S. 27.

Krohn, P. (27. Sept. 2023). Von wegen nachhaltig. Millionenstrafe für DWS hat Auswirkungen auf die gesamte Fondsbranche. Frankfurter Allgemeine Zeitung, S. 23.

Mußler, H. (28. Sept. 2023). DWS drohen von Anlegern Klagen. Erste Anwälte bringen sich in Stellung/Aber die Aussichten wirken vage. Frankfurter Allgemeine Zeitung, S. 27.

Luedtke, A. (11. Okt. 2023). „Für ‚grüne' Werbung gelten künftig hohe Hürden." Der Kampf der EU gegen Greenwashing bewirkt vor allem eines: Noch mehr Aufwand für Unternehmen. Frankfurter Allgemeine Zeitung, S. 16.

Gelinsky, K. (14. Okt. 2023). Kritik zum Start der Sammelklage. Wirtschaft rechnet mit Umwelt- und Finanzfällen. Frankfurter Allgemeine Zeitung, S. 20.

Frankfurter Allgemeine Zeitung (21. Okt. 2023), Manager richten mehr Schaden an. S. 31.

Schönauer, I. (24. Okt. 2023). „Es geht nicht um Weltanschauung." DWS-Chef Stefan Hoops über die Strafe für Greenwashing, den Druck der Investoren zu mehr Nachhaltigkeit und Wetten mit Mitarbeitern. Frankfurter Allgemeine Zeitung, S. 23.

*Fest, Timo:* „Nachhaltige Unternehmensführung – Die Perspektive des Vorstands unter besonderer Berücksichtigung von Art. 25 CSDDD-E", in: Die Aktiengesellschaft 2023, S. 713–721.

*Forthmann, Jörg; Gross, Marie Sophie (2023):* Reputation of Listed Companies Worldwide. An Analysis of the 6 Most Important Stock Indices. Hamburg: IMWF.

Flick, C. M. (8. April 2023). „Die Hälfte aller Arten ist im Begriff zu verschwinden." Die Gründerin der Convoco-Stiftung spricht regelmäßig mit Vertretern aus Politik, Wirtschaft, Wissenschaft und Kultur. Diese Woche mit dem Unternehmer Christoph Henkel über Biodiversität und moderne Landwirtschaft. Focus. Nr. 15, S. 60–61.

Wertlose Klimazertifikate (26. Aug. 2023). Focus. Nr. 35, S. 73.

Jauch, M. (16. Sept. 2023). Aufbruch in die Tiefe. Wenn die Industrie klimaneutral werden soll, könnte das Verpressen von Kohlendioxid helfen. In Deutschland ist die $CO_2$-Speicher-Technik derzeit verboten. Die Wirtschaft fordert ein Umdenken. Focus. Nr. 38, S. 42–48.

Bangert, H. (21. Dez. 2022). „Ethik und Rendite gehen zusammen." Es gibt nicht die eine saubere Lösung, um die Welt zu einem besseren Ort zu machen, es sind viele Bemühungen, die dazu führen, dass wir künftig gut leben können. Eine davon erläutert Roman Limacher, Chef der Schweizer Arete Ethik Invest AG. Focus Money. Nr. 52/1 2022/2023, S. 48–49.

Meck, G. (12. April 2023). Interview: „Grüne Geldanlage gefährdet keine Rendite." Können Privatanleger die Welt verbessern? Sind Rüstungsaktien plötzlich nachhaltig? Und was hat es mit „Greenwashing" auf sich? Darüber diskutieren die ESG-Experten Silke Stremlau und Ralph Hientzsch. Focus Money. Nr. 16, S. 58–59.

Focus Money (7. Juni 2023). Mit Phrasen sinkt der Aktienkurs. Schwafelnde Manager schaden dem Unternehmen., Nr. 24, S. 9.

Greenwashing. Was die DWS-Strafe bedeutet. (4. Okt. 2023). Focus Money. Nr. 41, S. 11.

*Freiberg, Jens*: Zunehmende Zielkonflikte zwischen Nachhaltigkeit und Bilanzierung: Problem oder Lösung?, in: Betriebs-Berater 2023, S. I.

*Gadow, Stefanie; Hartmann, Ullrich; Lienland, Dieter; Bruhn, Benjamin*: Berücksichtigung von ESG-Risiken im Rahmen der Kreditvergabe- und Überwachungsprozesse von Finanzinstituten, in: Der Betrieb 2023, S. 564–569.

Limb, L. (5. Mai 2023). „Shell announces record 3 month profits: How have the UK public, politicians and press reacted?" A new poll finds that most Brits think Shell should be forced to pay for climate damage. Green News.

Rezmer, A. (24. Okt. 2022). Greenwashing-Vorwürfe: Verbraucherzentrale Baden-Württemberg verklagt die DWS. Handelsblatt. https://www.handelsblatt.com/finanzen/banken-versicherungen/deutsche-bank-tochter-greenwashing-vorwuerfe-verbraucherzentrale-baden-wuerttemberg…, abgerufen am 25. Okt. 2022.

Anger, H.; Neuerer, D. (29. März 2023). Abhilfeklage: Was hinter der neuen Form der Sammelklage steckt. Der Abgasskandal hat gezeigt, wie Unternehmen viele Verbraucher schädigen können. Nun wird eine neue Klagemöglichkeit geschaffen. Was bedeutet das? Handelsblatt. https://www.handelsblatt.com/politik/deutschland/abhilfeklage-was-hinter-der-neuen-form-der-sammelklage-steckt/v_detail_tab_print/29033154.html, abgerufen am 30. März 2023.

Stippler, F. (13. April 2023). Deutsche Bank reduziert Kredite an fossile Energiefirmen. Das Institut zählt immer noch zu den wichtigsten Geldgebern für Öl-, Gas- und Kohleunternehmen. In einem Bereich hat sich das Engagement außerdem deutlich erhöht. Handelsblatt. https://www.handelsblatt.com/finanzen/banken-versicherungen/nachhaltigkeit-deutsche-bank-reduziert-kredite-an-fossile-energiefirmen/v_detail…, abgerufen am 14. April 2023.

Kolf, F. (2. Mai 2023). Ikea und Amazon drohen Millionenstrafen. Erste Beschwerden auf Basis des deutschen Lieferkettengesetzes schrecken die Wirtschaft auf. Mit einem neuen EU-Gesetz könnten Verstöße bald noch teurer werden. Handelsblatt. https://www.handelsblatt.com/unternehmen/handel-konsumgueter/lieferkettengesetz-ikea-und-amazon-drohen-millionen-strafen/v_detail, abgerufen am 2. Mai 2023.

Klimaproteste verzögern Hauptversammlung von Shell. Aktivisten stören die Hauptversammlung des Energiekonzerns, der bis 2050 klimaneutral werden will. Aktionäre fordern ehrgeizigere Ziele für die Emissionsreduktion (23. Mai 2023). Handelsblatt. https://www.handelsblatt.com/unternehmen/energie//energiekonzern-klima-proteste-verzoegern-hauptversamm-lung-von-shell/..., abgerufen am 25. Mai 2023.

Backovic, L.; Narat, I. (1. Juni 2023). VW-Aktie spielt in kaum einem Nachhaltigkeitsfonds eine Rolle. Volkswagen-Chef Blume will den Konzern zum Elektroautobauer wandeln. Eine Analyse zeigt nun: Unter Investoren kommt die Strategie nur bedingt an. Handelsblatt. https://www.handelsblatt.com/unternehmen/industrie//esg-ratings-vw-aktie-spielt-in-kaum-einem-nach-haltigskeitsfonds-eine-rolle/..., abgerufen am 2. Juni 2023.

Backovic, L.; Fröndhoff, B. (20. Juni 2023). Nach Druck von Investoren: Volkswagen erwägt externe Untersuchung in umstrittenem China-Werk. Der Autobauer beugt sich dem Druck von Kapitalmarkt und Politik. Neben VW lässt noch ein weiterer Dax-Konzern seine Xinjiang-Aktivitäten durchleuchten. Handelsblatt. https://www.handelsblatt.com/unternehmen/indus-trie/uiguren-provinz-xinjiang-nach-druck-von-investoren-volkwagen-erwa-egt-externe-untersuchung..., abgerufen am 21. Juni 2023.

Kolf, F., Scheppe, M., Terpitz, K. (10. Juli 2023). EU macht Greenwashing für Firmen zum Millionenrisiko. Eine EU-Richtlinie zwingt Firmen bald, alle Aussagen mit Klimabezug wissenschaftlich zu belegen – und das gilt auch rückwirkend. Die wenigsten Unternehmen sind vorbereitet. Handelsblatt. https://www.handelsblatt.com/unternehmen/handel-konsumgueter/klima-schutz-eu-macht-greenwashing-fuer-firmen-zum-millionenrisiko/..., abgerufen am 11. Juli 2023.

Osman, Y. (25. Juli 2023). Banken verschärfen ihre Kriterien für Kredite an Klimasünder. Die Kreditinstitute in Deutschland legen strengere Kriterien für Unternehmen an, die in hohem Maße zum Klimawandelbeitrag. Dieser Trend dürfte sich noch verstärken. Handelsblatt. https://www.handelsblatt.com/finanzen/banken-versicherungen/banken/bundesbank-umfrage-ban-ken-verschaerfen-ihre-Kriterien-fuer-kredite-an..., abgerufen am 26. Juli 2023.

*Hommelhoff, Peter:* Herausforderungen aus den EU-Nachhaltigkeitsrichtlinien, in: Die Aktiengesellschaft 2023, S. 742–744.

*Ihlau, Susann; Zwenger, Katharina:* Berücksichtigung von Nachhaltigkeitsaspekten bei Anlageentscheidungen und Unternehmensbewertungen, in: Betriebs-Berater 2020, S. 2091–2095.

*Ihlau, Susann; Zwenger, Katharina:* Erfüllung der Sorgfaltspflichten aus der Business Judgement Rule bei M&A-Transaktionen im Hinblick auf ESG-Pflichten, in: Betriebs-Berater 2023, S. 2215–2219.

*Illert, Staffan; Schneider, Claudia:* Environment – Social – Governance 2022: ESG und Shareholder Activism, in: Der Betrieb 2022, S. 33–35.

*Irion, Tanja; Eichler, Alex; Frei, Tarmio; Nungesser, Kai; Woltemate, Gerrit (2023):* Datenschutz als Herausforderung für CommTech, in: *Mickeleit, Thomas; Forthmann, Jörg (Hrsg.):* Erfolgsfaktor CommTech. Die digitale Transformation der Unternehmenskommunikation. Wiesbaden: Springer Gabler, S. 309–345.

*Kaya, Devrimi; von der Lippe, Hendrik; Hennig, Philipp:* ESG-Strategie im Mittelstand – mehr Governance wagen? Analyse der Aufsichtsrats- und Beiratsbildung, in: Der Betrieb 2023, S. 1169–1174.

*Kecskes, Robert:* Kampf um soziale Anerkennung und Wertschätzung. „Planetary Health Brands" – Ein kurzer, tentativer Essay, in: GfK Consumer Index 11/2022, Dezember 2022, S. 1–7.

*Klein, Fabian; Mauritz, Franziska:* Green Hushing – Gibt es eine Pflicht zur Aufklärung über (verpasste) Umweltziele?, in: Betriebs-Berater 2023, S. 1417–1422.

# Das folgende Buch …

*Koller, Tim; Goedhart, Marc H.; Wessels, David (2020):* Valuation. Measuring and Managing the Value of Companies. 7th edition. Hoboken (New Jersey): Wiley.

# … sollte laut „library of congress" wie folgt zitiert werden:

*McKinsey and Company; Koller, Tim; Goedhart, Marc H.; Wessels, David (2020):* Valuation. Measuring and managing the value of companies. 7th edition. Hoboken (New Jersey): Wiley.

## Änderung im Literaturverzeichnis sollte automatisch auch alle Quellenangaben im Text anpassen.

*KPMG (2022/1)*: Corporate Sustainability Reporting Directive (CSRD). Was die neue CSRD-Richtlinie für Unternehmen bedeutet. www.kpmg.de.

*KPMG (2022/2)*: Valuation News. Deal Advisory. September 2022, www.kpmg. de/newsletter/, S. 6–9.

*Lanfermann, Georg; Baumüller, Josef:* Anwendungsfragen zur Nachhaltigkeitsberichterstattung im Konzern nach der CSRD – Teil 1: (Kapitalmarktorientierte) KMU im Konzern, in: Der Konzern 2023, S. 159–164.

*Lieder, Jan; Döhrn, Lennard:* Auswirkungen der ESG-Richtlinien auf die Tätigkeit des Aufsichtsrats, in: Die Aktiengesellschaft 2023, S. 727–731.

*McKinsey & Company (2022):* Where the world's largest companies stand on nature, www.mckinsey.com, 13. Sept. 2022, abgerufen am 14. Sept. 2022.

*McLachlan, Stuart; Sanders, Dean (2023):* The Adventure of Sustainable Performance. Beyond ESG Compliance to Leadership in the New Era. Hoboken (NJ): Wiley.

*Mickeleit, Thomas; Forthmann, Jörg (Hrsg.) (2023)*: Erfolgsfaktor CommTech. Die digitale Transformation der Unternehmenskommunikation. Wiesbaden: Springer Gabler.

*Müller, Stefan; Adler, Markus; Duscher, Irina:* Nachhaltigkeitsberichterstattung im Mittelstand: Verpflichtung, Ausgestaltungsanforderungen und Umsetzungsunterstützung, in: Der Betrieb 2023, S. 242–249.

*Müller, Stefan; Needham, Sean:* IDW-Standardentwürfe zur Prüfung der nichtfinanziellen (Konzern-)Erklärung und der gesonderten nichtfinanziellen Berichterstattung, in: Betriebs-Berater 2023, S. 619–623.

*Neumann, Michael; Forthmann, Jörg (2017):* Überlebenskunst im Topmanagement. Die Reputation des Unternehmens und seiner Führungsspitze vor Krisen schützen. Unternehmenswerte sichern. Hamburg: IMWF.

*Neumann, Michael; Forthmann, Jörg; Heintze, Roland (2019):* Krisenkommunikation auf dem Seziertisch. Wie Manager Reputation und Unternehmenswert unter Druck verteidigen. Hamburg: IMWF.

*Neumann, Michael; Forthmann, Jörg; Heintze, Roland (2021):* Weckruf für Kommunikatoren und ihre Chefs. Wie Topmanager den gefährlichen Zwiespalt zwischen gesellschaftlicher Verantwortung und Kommerz überwinden. Hamburg: IMWF.

*Neumann, Michael; Forthmann, Jörg; Heintze, Roland (2023):* Im Schraubstock von Profit und Nachhaltigkeit. Warum Nachhaltigkeitsreputation für Unternehmen überlebenswichtig wird. Hamburg: IMWF.

Amazon und Nestlé sind alarmiert. Konzerne fordern Einhaltung von 1,5-Grad-Ziel (12. Nov. 2022). n-tv. https://www.n-tv.de/Konzerne-fordern-Einhaltung-von1-5-Grad-Ziel-article23714081.html, abgerufen am 13. Nov. 2022.

Streit um neuen Begriff. dm nennt Produkte nicht mehr „klimaneutral" (23. Okt. 2023). n-tv. https://n-tv.de/wirtschaft/dm-nennt-Produkte-nicht-mehr-klimaneutral-article24483678.html, abgerufen am 23. Okt. 2023.

*PwC (PricewaterhouseCoopers)*: Offenlegung von ESG-Risiken häufig noch unzureichend, in: Betriebs-Berater 2023, S. 2281–2282.

*PwC (PricewaterhouseCoopers) (2023)*: ESG-Fraud (Whitepaper). Prävention und Aufklärung von Greenwashing und ESG-Betrugsfällen, 04/2023.

*Quick, Reiner; Gauch, Kevin; Heinze, Manuel:* Qualität der Corporate-Governance-Berichterstattung in Deutschland. Analyse der Berichte der S-Dax-Unternehmen mittels eines Scoring-Modells, in: Der Betrieb 2023, S. 913–917.

*Retzer; Daniel; Jasmund, Kim; Falge, Birte:* Implikationen von „ESG" auf die Verrechnungspreissetzung im Konzern, in: Der Betrieb 2023, S. 408–414.

*Ruttloff, Marc; Bingel, Adrian; Bühler, Timo:* Rechtliche Fallstricke für Unternehmen im Zusammenhang mit Greenwashing – Teil I, in: Betriebs-Berater 2023, S. 1155–1160.

*Ruttloff, Marc, Kappler, Lisa; Schuler, Florian:* Rechtliche Fallstricke für Unternehmen im Zusammenhang mit Greenwashing – Teil II, in: Betriebs-Berater 2023, S. 1219–1224.

*Ruttloff, Marc; Wehlau, Andreas; Wagner, Eric; Skoupil, Christoph; Rothenburg, Vera:* Rechtliche Fallstricke für Unternehmen im Zusammenhang mit Greenwashing – Teil III, in: Betriebs-Berater 2023, S. 1283–1289.

Greenwashing-Vorwürfe gegen DWS. Finanzen: Der Vermögensverwalter soll 2022 seine „grünen" Fonds mit Aktien fossiler Unternehmen vollgepumpt haben. Die Tochter der Deutschen Bank steht seit Jahren im Verdacht der Schönfärberei (4. März 2023). Der Spiegel, S. 60.

Bartz, T. (13. Mai 2023). „Da geht's mir wie Monica Lewinsky." Greenwashing: Die DWS-Whistleblowerin Desiree Fixler über die Verlogenheit der Finanzbranche beim Thema Nachhaltigkeit und den unwürdigen Umgang deutscher Firmen mit internen Hinweisgebern. Der Spiegel, S. 70–71.

Nelles, R. (9. Sept. 2023). Trumps Lehrling. USA: Mit radikalen Ansichten steigt der Unternehmer Vivek Ramaswamy im Wahlkampf zum neuen Liebling vieler Republikaner auf. Dabei kopiert er einfach nur die politische Agenda seines Idols. Der Spiegel, S. 78–79.

Jauernig, H.; Koerth, K.; Rainer, A. (14. Okt. 2023). Geld gegen Ökolügen. Anlagen: Unzählige Start-ups werben mit Nachhaltigkeit, tragen aber zum Klimaschutz wenig bei. Eine neue Riege von Geldgebern macht ihre Förderung nun von wissenschaftlichen Kriterien abhängig. Ein Novum in der Finanzbranche. Der Spiegel, S. 82–83.

Schaaf, S. (21. Sept. 2023). Öko? Lohnt sich! Nachhaltige Geldanlagen haben oft höhere Renditen und sind stabiler. Worauf Sie bei der Auswahl achten sollten. Stern, S. 92–94.

von Eichhorn, C. (4./5. Febr. 2023). Unausgeglichen. Wälder schützen, um eine Flugreise zu kompensieren? Daran gibt es Kritik. Aber $CO_2$-Zertifikate könnten funktionieren: Fünf Vorschläge, was sich ändern muss. Süddeutsche Zeitung, S. 33.

Janisch, W. (11./12. Febr. 2023). Können Aktionäre Klimaschutz einklagen? Weil Unternehmen nachhaltiger werden müssen, steigen die Chancen aktivistischer Kläger. Süddeutsche Zeitung, S. 24.

Gojdka, V. (24. Mai 2023). Labern, bis der Kurs fällt. „Das nehm ich mal mit": Warum Ausflüchte auf kritische Fragen Konzerne an der Börse etwas kosten können. Süddeutsche Zeitung, S.13.

Dohmen, C. (30. Mai 2023). Auf der Kippe. Im EU-Parlament gibt es heftigen Streit über die Regeln für saubere Lieferketten. Vom ehrgeizigen Plan ist wenig geblieben – und es könnte noch schlimmer kommen. Süddeutsche Zeitung, S.18.

Brühl, J. (1. Juni 2023). Die laute Warnung vor der KI-Apokalypse. Forscher erklären ihre Technologie zum Risiko für die Menschheit – in einer Liga mit Atomwaffen. Machen sie damit nicht ihr eigenes Geschäft kaputt? Süddeutsche Zeitung, S. 13.

Brühl, J. (3./4. Juni 2023). Hey Siri, vernichte uns! Chat-GPT ist vielen unheimlich, und eine Gruppe von Unternehmern, Philosophen und KI-Forschern schürt die Angst vor der „Superintelligenz". Aber wie realistisch sind die Schreckensszenarien? Süddeutsche Zeitung, S. 31.

Kreye, A. (24./25. Juni 2023). Was die KI liest. Eine Studie aus Berkeley hat die Bücher ermittelt, bei denen sich Programme wie ChatGPT bedienen. Süddeutsche Zeitung, S. 20.

Nienhaus, L.; Schreiber, M. (30. Juni 2023). „Ich hatte ein Bauchgefühl, dass etwas nicht stimmt." Die frühere Nachhaltigkeitschefin der Deutsche-Bank-Tochter DWS, Desirée Fixler, über ihre plötzliche Kündigung, ihre Greenwashing-Vorwürfe gegen die Fondsgesellschaft und die Ansichten von Black-rock-Chef Larry Fink. Süddeutsche Zeitung, S. 14.

Meier, C. J. (3. Juli 2023). Überzeugende Lügner. Auf Falschinformationen von KIs fallen Menschen besonders leicht herein. Süddeutsche Zeitung, S. 12.

Schreiber, M. (8./9. Juli 2023). Grüner als grün. Ex-DWS-Chef Asoka Wöhr-mann rückt im Greenwashing-Skandal in den Fokus der Ermittler. Süd-deutsche Zeitung, S. 22.

Hummel, T. (28. Juli 2023). Zahl der Klimaklagen nimmt weltweit zu. Ein UN-Studie zeigt: Die meisten Verfahren finden in den USA statt, etliche auch in Deutschland. Die Vorwürfe richten sich oft gegen die Öl- und Gas-industrie. Süddeutsche Zeitung, S. 6.

Liebrich, S. (29./30. Juli 2023). Fatales Schweigen. Gerade noch wollten Unter-nehmen grün, tolerant und offen sein. Nun fürchten sie reaktionäre Gegen-bewegungen und Gerichtsverfahren wegen Greenwashing – und halten lieber die Klappe. Warum das gefährlich ist. Süddeutsche Zeitung, S. 24.

Süddeutsche Zeitung (18. Sept. 2023). Kalifornien verklagt Ölkonzerne. Die Unternehmen hätten jahrzehntelang die folgen fossiler Energie verharm-lost, S. 15.

Schreiber, M. (26. Sept. 2023). SEC betraf Deutsche-Bank-Tochter. Die US-Börsenaufsicht hat bei der DWS wohl Anhaltspunkte für Greenwashing gefunden. Süddeutsche Zeitung, S. 15.

Janisch, W. (28. Sept. 2023). Wenn Flüsse den Rechtsweg gehen. Klimaschutz-prozesse sind ein globales Phänomen, inzwischen dürften es fast 3000 sein – von Verfahren gegen Unternehmen und Behörden bis hin zu Klagen für ganze Ökosysteme. Süddeutsche Zeitung, S. 2.

Diesteldorf, J.; Kläsgen, M. (29. Sept. 2023). Schluss mit den falschen Klima-schutzversprechen. Sie sind überall, die irreführenden „Klimaneutral"-Labels: auf Marmeladengläsern, Motorenöl-Flaschen und auf Webseiten von Fuß-ballclubs. Die schränkt derlei Werbung jetzt massiv ein. Dagegen wehrt sich die Industrie – aber lieber heimlich. Süddeutsche Zeitung, S. 13.

Bauchmüller, M. (5. Okt. 2023). Der Tag X rückt näher. Die UN legen erste Bausteine für die Kurskorrektur des Pariser Abkommens vor. Es bleibt er-schreckend wenig Zeit. Süddeutsche Zeitung, S. 6.

von Eichenhorn, C.; Hubi, B. (10. Okt. 2023). Verloren im Urwald. Singapur will zum globalen Marktplatz für $CO_2$-Zertifikate werden, etwa mit Wald-schutzprojekten in Kambodscha. Doch das geschieht oft auf Kosten der Ärmsten, während das Klima kaum profitiert. Süddeutsche Zeitung, S. 16.

von Brackel, B. (31. Okt./1. Nov. 2023). 1,5 Grad sind fast besiegelt. Das $CO_2$-Budget für das Paris-Ziel ist laut einer neuen Berechnung praktisch alle. Süddeutsche Zeitung, S. 13.

Beller, S. (11. Aug. 2023). Saubere Bilanz. Das Pariser Klima-Abkommen verpflichtet seine Unterzeichner, $CO_2$ zu sparen. Das muss ein Land aber nicht immer selbst tun – es kann auch ärmere Staaten dafür bezahlen, stellvertretend das Klima zu schützen. Die Schweiz ist da ein fragwürdiges Vorbild. Süddeutsche Zeitung Magazin. Nr. 32, S. 29–31.

Iwersen, S., Votsmeier, V., Murphy, M., Narat, I., Bender, René, Verfürden, M.; Nagel, L.-M. (30. Nov. 2022). Trotz grünem Siegel. Milliarden fließen in fossile Energien. Tagesspiegel, S. 24–25.

Ehlerding, S. (10. Dez. 2022). Staatliche Förderbank. KfW gibt 1,5-Grad-Ziel zeitweise auf. Tagesspiegel, S. 26.

Ehlerding, S. (11. Dez. 2022). 25 Jahre Kyoto-Protokoll. Was hat es dem Klimaschutz gebracht? Tagesspiegel, S. 40.

Straub, C. (12. Mai 2023). Im Gespräch: „Wir sind am Ende die Opfer unserer eigenen Taten." Zieht euch warm an, es wird noch heißer, lautet der Titel von Sven Plögers neuem Buch. Der TV-Moderator und Autor über das Gewohnheitstier Mensch, militanten Klimaschutz, Inlandsflüge und seine persönliche „Taxiregel". Tagesspiegel, S. 16–17.

Eickemeier, P. (19. Mai 2023). Die 1,5-Grad-Schwelle. Erwärmung könnte bald UN-Klimaziel übersteigen. Tagesspiegel, S. 13.

Lenzen, M. (19. Juni 2023). Der Lügenbot? Wie ChatGPT angeblich Menschen einspannt. Tagesspiegel, S. 13.

Backoviv, L.; Fröndhoff, B. (22. Juni 2023). Umstrittenes China-Werk. Volkswagen erwägt Untersuchung. Tagesspiegel, S. 18.

Kazooba, D. (24. Juni 2023). Aufpreis für Emissionen. Viele wollen kompensieren, aber nur wenige tun es. Tagesspiegel, S. 23.

Terpitz, K.; Kolf, F.; Scheppe, M. (12. Juli 2023). Für falsche Versprechen zahlen. Greenwashing wird zum Risiko. Tagesspiegel, S. 18–19.

Scheppe, M. (24. Juli 2023). „Echt" nachhaltig. Warum Patagonia erst 2040 klimaneutral wird. Tagesspiegel, S. 21.

Lehmann, A. (29. Juli 2023), 1,9 Billionen Euro für eine grünere Welt. Haftpflicht-, KfZ-, Unfallversicherung – jeder könnt sich nachhaltig versichern. Die Branche reformiert sich langsam. Geld ist da, und es könnte den Unterschied machen. Tagesspiegel, S. 24–25.

Terpitz, K.; Müller, A. (26. Sept. 2023). Unsichere Zukunft. Mehr Unternehmer wollen verkaufen. Tagesspiegel, S. 18–19.

Müller-Neuhof, J. (2. Okt. 2023). Einspruch. Folge 586. Kann Justiz die Welt retten? Wenn Klimapolitik hingerichtet wird. Tagesspiegel, S. 6.

Dernbach, C. (5. Okt. 2023). Greenwashing oder Vorreiterrolle. So geht Klimaschutz für Apple. Tagesspiegel, S. 21.

Gauto, A.; Müller, A. (7. Okt. 2023). $CO_2$-Reduktion. Mittelständler verlieren den Anschluss. Tagesspiegel, S. 18–19.

Osman, Y. (23. Okt. 2023). Deutsche Bank. Nur wer $CO_2$ einspart, bekommt Kredit. Tagesspiegel, S. 21.

Maurin, J. (25. Nov. 2022). Klimaschutz mit sieben Siegeln. Zertifizierungsfirmen helfen Unternehmen, ihre Produkte als klimaneutral zu vermarkten. Verbraucherschutzorganisationen sehen darin einen „Ablasshandel", den die Europäische Union verbieten sollte. die tageszeitung, S. 3.

Krüger, A. (19. Jan. 2023). Besser als EU-Taxonomie. Die von Umweltverbänden ins Leben gerufene Beobachtungsstelle greenwashed informiert Investoren über die Nachhaltigkeit von Geldanlagen. die tageszeitung, S. 8.

Lecière, A.-K. (2. Juni 2023). Klimakrise unversichert. Immer mehr Versicherer ziehen sich in den USA wegen Kosten von Klimafolgen zurück. In Deutschland fordert die Branche derweil mehr Pflichten. die tageszeitung, S. 8.

Geffrath, M. (7. Juni 2023). Ohnmacht durch KI. Künstliche Intelligenz dürfte die Menschheit schneller verändern als die Entdeckung des Feuers. Es geht um Grundfragen: Wer wollen wir sein? die tageszeitung, S. 16.

Schöneberg, K. (23. Juni 2023). VW prüft China-Werk. Lange wehrte sich Volkswagen, Verantwortung für die Menschenrechte in seiner Fabrik in der Uiguren-Provinz zu übernehmen. Nun soll untersucht werden. Betroffene zweifeln. die tageszeitung, S. 8.

die tageszeitung (14. Juli 2023). Zahl des Tages +8 Prozent, S. 8.

Schwarz, S. (16. Aug. 2023). Gericht ruft Montana zur Klima-Räson. Jugendliche verlangten vom US-Bundesstaat, die Emissionen zu senken – und bekamen nun recht. die tageszeitung, S. 8.

van Rinsum, L. (26. Okt. 2023). Im neunten Anlauf ohne Pflichten für Firmen. Wieder einmal verhandelt die Weltgemeinschaft über ein Abkommen zur Wirtschaft und Menschenrechten. Im aktuellen Entwurf sind nun auch noch Klima- und Umweltauflagen gestrichen worden. die tageszeitung, S. 9.

*Tönningsen, Gerrit*: Der Vorschlag der Europäischen Kommission für eine Verordnung über die Transparenz und Integrität von ESG-Rating-Tätigkeiten: Ein erster Überblick, in: Der Betrieb 2023, S. 2485–2489.

*Trinkaus, Marc; Dey, Sebastian; Rölike, Nicole; Bhatti, Julia; Sahm, Ann-Marie:* Rechtsentwicklungen 2022: Rechtsentwicklungen im Kredit- und Kapitalmarktrecht 2022, in: Der Betrieb 2022, S. 45–51.

*ders.*: Quo Vadis, EU-Umweltberichterstattung? Normative Rahmenbedingungen, empirische Befunde zum Einfluss von Corporate Governance und kritische Würdigung zur Entscheidungsnützlichkeit, in: Der Betrieb 2023, S. 1041–1049.

*Volmer, Philipp*: ESG-Anforderungen in Sanierungskonzepten, in: Der Betrieb 2023, S. 694–697.

*von der Heide, Marten; Wagner, Jana; Volkmann, Daniel; Weber, Annika*: Status quo der Nachhaltigkeitsberichterstattung von großen nicht-kapitalmarktorientierten Unternehmen in Deutschland – Eine empirische Analyse von Tochter- und Einzelunternehmen, in: Der Konzern 2023, S. 244–251.

*von Keitz, Isabel; Grote, Rainer:* Wie gut ist der Mittelstand auf die künftige ESG-Berichterstattung vorbereitet? Eine Analyse anhand der bisherigen Berichterstattung von 40 der Top 500-Unternehmen, in: Der Betrieb, 2022, S. 2937–2943.

*WE Communications (2022)*: WE Brands in Motion. Die Mutfrage: Echt sein, echt handeln. 6. Ausgabe. München, Frankfurt. www.we-worldwide.com.

Kalifornien verklagt weltweit größte Ölfirmen wegen des Klimawandels (16. Sept. 2023). Die Welt. https://welt.de/politik/ausland/artilce 247508564/Aktive-Falschinformationen-Kalifornien-verklagt-weltweit-groesste-Oelfirmen-wegen-des-Klimawandels/, abgerufen am 17. Sept. 2023.

Sander, L. (5.-11. Aug. 2023). Wir haben an der Uhr gedreht. Laut neuer Berechnung haben wir drei Jahre weniger, bis das Budget für die 1,5-Grad-Grenze bei der Erderhitzung sehr wahrscheinlich überschritten wird. Kein Grund, sie für tot zu erklären. tageszeitung, Wochenausgabe, S. 21.

Geisler, A.; Knuth, H. (26. Jan. 2023). „Das Label ist im Grunde tot." Die Drogeriemarktkette Rossmann will ihre eigenen Produkte nicht mehr als „klimaneutral" bewerben. Der Geschäftsführer Raoul Roßmann erklärt, warum er das Budget für die Kompensation nun woanders ausgibt. Die Zeit, S. 22.

Knuth, H. (4. Mai 2023). Kommentar: Was oft Schmu ist. Immer mehr Anbieter stoppen die Vergabe ihrer „klimaneutral"-Label. Richtig so: Das Siegel ist für viele nur ein Ablenkungsmanöver. Die Zeit, S. 25.

Knuth, H. (17. Mai 2023). „Klimaneutral": Die EU stoppt Greenwashing. Die Zeit, S. 26.

Fischer, T.; Matiashe, F. S.; Knuth, H.; Ufumeli, T. (27. Juli 2023). Geld wächst nicht auf Bäumen. Die Schweizer Firma South Pole betreibt in Simbabwe eines der größten $CO_2$-Kompensationsprojekte der Welt. 100 Millionen Euro hat sie damit eingenommen. Wie viel ist bei den Bewohnern der Region angekommen? Die Zeit, S. 24.

Tönnesmann, J. (28. Sept. 2023). Kommentar: Zu grün gefreut. Die DWS muss 19 Millionen Dollar Strafe zahlen, weil sie sich nachhaltiger gab, als sie tatsächlich war. Das Signal: Greenwashing lohnt sich nicht. Die Zeit, S. 25.

Cwiertnia, L.; Heuser, U. J. (5. Okt. 2023). Warum nicht jetzt, Herr Brudermüller? Die Politik beim Klimaschutz ist realitätsfern und ideenlos zugleich, klagt der BASF-Chef – und macht konkrete Vorschläge, wie es besser ginge. Die Zeit, S. 36.

Knuth, H. (5. Okt. 2023). Greenwashing: Uhr ohne Zeitgefühl. Apple bringt sein erstes $CO_2$-neutrales Produkt auf den Markt und setzt dabei auf fragwürdige, veraltete Klimalösung. Wollte der Konzern nicht mal innovativ sein? Die Zeit, S. 38.

*Zülch, Henning; Winkler, Anne; Thun, Toni W.:* Nachhaltigkeitsintegration in den Vergütungssystemen der Unternehmen des DAX 40, in: Der Betrieb 2023, S. 1873–1878.

# GPSR Compliance

*The European Union's (EU) General Product Safety Regulation (GPSR) is a set of rules that requires consumer products to be safe and our obligations to ensure this.*

*If you have any concerns about our products, you can contact us on ProductSafety@springernature.com*

In case Publisher is established outside the EU, the EU authorized representative is:

Springer Nature Customer Service Center GmbH
Europaplatz 3
69115 Heidelberg, Germany

The manufacturer's authorised representative in the EU is Springer
Nature Customer Service Centre GmbH, Europaplatz 3, 69115 Heidelberg,
Germany. If you have any concerns regarding our products, please
contact ProductSafety@springernature.com

Printed and bound by CPI Group (UK) Ltd, Croydon, CR0 4YY

24/04/2026

02096375-0005